一个个教师走进学生内心的故事，
架起教师与学生之间的心灵桥梁。
一篇篇教育教学实践的理论总结，
构建起促进教师共同成长的阶梯。

—————— 道之所存，师之所存也 ——————

杨聪 著

好老师可以这样做

海峡出版发行集团 | 福建教育出版社
THE STRAITS PUBLISHING & DISTRIBUTING GROUP

图书在版编目（CIP）数据

好老师可以这样做 / 杨聪著. －福州：福建教育出版社，2012.4

ISBN 978-7-5334-5857-7

Ⅰ. ①好… Ⅱ. ①杨… Ⅲ. ①教育工作－中国－文集 Ⅳ. ① G52-53

中国版本图书馆 CIP 数据核字（2012）第 079848 号

好老师可以这样做

杨聪 著

出版发行 海峡出版发行集团
福建教育出版社
（福州梦山路 27 号 邮编：350001 网址：www.fep.com.cn）
出 版 人 黄 旭
发行热线 0591-87115073 010-58802818
印 刷 北京中科印刷有限公司
开 本 700 毫米 ×1000 毫米 1/16
印 张 15.25
字 数 159 千
版 次 2012 年 6 月第 1 版 2013 年 4 月第 2 次印刷
书 号 ISBN 978-7-5334-5857-7
定 价 29.20 元

目 录

叙事

目 录

叙事

随笔

叙事

“师生对话”让我走进学生的心灵

刚毕业那年，领导让我接三年级（3）班。由于班级频频更换班主任，造成师生之间存在着无形的距离，很难交流。

一上任，我就想了许多办法，比如主动接触他们，个别谈心，表扬鼓励，一起玩游戏，等等。一个月后，我发现学生虽然对我怀着敬意，但都对我敬而远之。想到自己的真诚付出没能获得学生的理解和共鸣，不禁觉得有些失落。那天晚上，我打开日记本，好像正面对学生，以孩子的口吻把满腹的心里话倾泻了出来……

几天后，爱爬格子的我就给这则日记取名《写给我的学生》，寄给了学校为学生订的《文苑报》。

大约两个月后的某天中午，我正在改作业，不知何时，一群学生已挤在窗前叽叽喳喳的。我问有事吗？班长满脸红光，一扬手中的报纸高兴地说：“老师，《文苑报》里有你的文章，写得真好！”

我高兴极了，不是因为文章的发表，而是我终于看到了学生的那份主动，那份亲近，那份天真的、喜形于色的激情。隐隐间我已感触到了那一双双饱含着兴奋、快乐的眼睛中闪烁着意欲倾诉的火花——那天下午的第一节课，被我临时改为作文课。我对学生说，你们有心里话就对老师说吧。于是一篇篇《老师，我想对您说》就真实感人地展现在我眼前：

“杨老师，开学到现在，我没对您说过一句话。我有缺点您能帮我改正吗？我有优点你会高兴吗？我做错了事你能原谅我吗？”

“杨老师，我想当小组长，可您不让我干，老师，我只想当个小组长，其他的都不想，您可别说给同学们听！”

“老师，我想对您说，您上课板书速度很快，我看也看不过来，您能写慢些吗？”

“杨老师，我知道您教书很辛苦，每天既要教我们又要改作业……这个星期天我想去您家借书，您能告诉我您家的地址吗？”

我简直不敢相信自己的眼睛！虽然每篇就写了那么几句，但那一句句真诚清纯的语句让我十分感动。我深深地体验到了初为人师的快慰与责任。我知道，当我敞开了自己的内心世界，我便实实在在地走进了学生的心灵，让学生感受到一个同他们一样需要交流理解、一样具有烦恼和愿望的老师。这种书面形式的对话，不但表达出难以用语言来展示的心愿，更传递了师生间的一种平等与信任。

从那以后，我在批改作业时总是有针对性地写上这种“心里话”式的评语，学生看了总是兴奋不已，也给我写心里话，给我的评语写“评语”。这就反馈了彼此的信息，让我能够便捷准确地了解他们。久而久之，学生不但喜欢做作业，而且写作的兴趣和能力也提高了许多。最让我高兴的是，越来越多的学生渐渐地成了我的“知心笔友”。一年以后，经我推荐的学生作文竟有九篇被《文苑报》、《作文新圃》录用。

真的，我很感谢生活赠给我的这份经验——“师生对话”，是它，在我困惑时送来了意想不到的收获！

语文课上的“处罚”

上三年级《矛和盾的集合》那一课，我让学生背诵最后一段：“谁善于把别人的长处集于一身，谁就会是胜利者。”

我问：“这句话里的‘长处’怎么理解？”

王良镜说：“就是一个人的优点。”

黄兴镇说：“和它意思相反的是‘短处’！”

我说：“你们两位说得对！其实每个人都有自己的长处和短处，现在，老师叫几位同学，让我们来说说他的长处。注意两点：一是不说短处，二是不说假话。”

首先我叫了坐在第一排的叶宗游。他不好意思地站起来，我扶着他的肩膀转了个身，面朝大家。

谢仁葵说：“宗游喜欢玩！”

立刻有同学反对，说这不是优点。

杨博说：“这是优点！我们学过《玩出了名堂》那一课，课文里的‘列文虎克’就是通过玩镜片发明了放大镜！”

我说：“有道理！但是，如果乱玩，整天打打闹闹好不好呢？”

谢仁葵接过话茬：“这样不好，玩也要动脑筋。我知道宗游喜欢玩‘跑步’，说不定以后可以成为运动员呢！”

宗游听了，眯着眼睛，嘿嘿地笑着。

接着，我叫了杨博。他的好朋友罗举毅马上举手说："他'单脚跳'很厉害！"

"对对，他单脚跳单得很好，我每次都输给他！"仁葵急着站起来作证明。

大家听后怔了一下，顷刻间有些同学又哈哈笑起来。我问："怎么是'单'得很好呢？"

"我说得太快了，说错了……"仁葵抓着脑袋笑嘻嘻的，"是'跳'得很好！"

下一位我叫了朱婷，她是文娱委员。

良镜说："她长得漂亮！"

林相说："她头发很长，飘飘起来！"

我说："这是她梳理得好、保护有方啊，老师的头发虽然短，也要向她学习！"

陈余俊说："她唱歌好听，节拍打得好看，特别是学习也很好！"

听了他们的赞美，朱婷有些害羞，竟坐了下去，把头靠在了桌上。

"朱婷同学既有爸妈赠给她的优点，又有自己努力得来的长处，刚才这三位同学的评价让她有些激动，她正在细细体会，没空亲自向三位道谢，暂时由老师替她谢谢了！"我边说边向他们拱了拱手，大家又笑了……

"下面，老师叫最后一位。"我走到吴世国身边，拍拍他的肩膀，他很高兴，很有力度地站了起来，昂首挺胸。

陈兴业说："世国胖胖的，很有力气！"

世国捏紧拳头，抬起双臂做了个"健美"的姿态。

"他胖得像猪！"黄兴镇突然喊了出来。

"老师，他骂人！"世国很生气，虎着脸，指着兴镇，"他下课常常骂我是猪……"

有些同学忍不住笑出声来，世国更是涨红了脸蛋。

我沉默了片刻，严肃地说："兴镇的这句话不符合老师开始提的要求，请大家评说一下，这句话不对在哪里？"

"胖不是优点，而且要是太胖了就成了缺点了。兴镇说的是世国的缺点，不是他的优点。"

"说世国像猪，很难听，这个比喻会让世国伤心的！"

"这是骂人的话，兴镇下课还这样说世国，这是故意的，更是不对了！"

"是的，这句话老师听了也感到难过！兴镇，现在老师给你两个选择：一是站到教室的墙角面壁思过五分钟，再向世国道歉；二是马上开动脑筋，说出世国的一个优点，将功补过。你要做哪个？"

"老师，我要做第二个……"兴镇努着嘴巴，眨了眨眼睛说，"世国笑起来很可爱，像电视里的弥勒佛！"

"嗯，这句说得比较有水平！"我笑着又拍了拍世国的肩膀，"弥勒佛可是心胸宽广，喜欢原谅知错就改的人哦，而且法力无边呢！"

世国也笑了。

"现在，请兴镇为起先的话向'弥勒佛'道歉，考验一下'弥勒佛'！"

兴镇走到世国的跟前，不好意思地说："对不起，以后我不会这样说你了……"

世国笑得咧开了嘴，伸手拉着兴镇的手摇着，一个劲儿地说，没关系！没关系！

我带头为他俩鼓起掌来，兴镇在掌声中蹦跳着跑回了座位。

“我们来‘集合’一下世国和兴镇刚才表现出来的两个优点。”我问，“是什么优点，知道吗？”

“知道，知道，就是做错了事要向别人道歉！”

“别人道歉了，我们要原谅他的过错！”

……

这节课，一个意外的插曲——小小的“处罚”，让课堂有了“意外”的收获。

一念之间的精彩

三年级时的一节复习课，我和学生做练习本中的一道阅读题。这是一篇题为《萧伯纳和小女孩》的短文，文后有三个问题，分别是“本文有几个自然段”、“在括号里填上合适的词”和“用横线画出写小姑娘样子可爱的句子”。

大概用了十分钟，这三个问题就解决了，平平常常，波澜不惊。正当学生想把练习本收起来时，我说：“这篇文章蛮有意思，我们来分角色朗读。谁愿意当文中的小姑娘？”

吴园园第一个举手，我叫了她。

“全班同学读叙述者的语言，老师当萧伯纳，现在开始……”

当我读到“别忘了回去告诉你妈妈，就说今天同你玩的是世界闻名的萧伯纳”时，故意改成了“全校闻名的杨老师”。

在那一瞬间，学生猛然一愣，以为我读错了，但马上又感觉很好奇，兴奋了起来……

出乎我的意料，吴园园竟主动配合，不用我的提示，就顺着我的语意把“先生，您就是萧伯纳？”改成了“先生，您就是杨老师？”这让学生越发觉得有意思了。

我用赞许的目光朝吴园园示意，那意思就是：嘿，改得真不错，谢谢你的随机应变！

吴园园忽闪着眼睫毛，也朝我微微一笑。

读完了短文，好些学生忍不住放声笑了起来，很开心地喊着："杨老师，你成萧伯纳了！"

"老师，你和吴园园这样读真有意思！"

……

我说："老师也想学着萧伯纳'骄傲'一回呢，吴园园配合得很好。文中的小姑娘很可爱，老师眼前的这位小姑娘——吴园园也很可爱！文章第一段描写了那位小姑娘的外貌，我们也来描写一下吴园园的外貌吧！"

学生显得很有兴趣，都观察着吴园园。只一会儿，就有人举手了。

世国说："吴园园脖子上围着一条黑白围巾，真好看！"

陈心悦马上纠正说："'黑白'两个字改成'黑白相间'比较好。"

我向她竖起拇指："改得好，'黑白相间'说得更准确！"

黄小棋说："她的眼睛像铜铃般大小。"

我笑了："她的眼睛好像没有那么大呀！"

"她有一双明亮的眼睛，"陈小洁说，"我一直看着，感觉很美！"

杨博说："她有一张白里透红的脸蛋。"

"这两句写得挺贴切！"我点点头。

潘宁接着说："吴园园扎着两条胖胖的辫子。"

"还有，她手上还戴着红黑相间的手套，像洋娃娃一样。"谢仁葵急急忙忙地也补充了一句。

"潘宁说辫子'胖胖的'，很有趣。仁葵说园园像洋娃娃一样，这是个可爱的比喻。”我总结道，“谢谢这几位同学的热心参与，现在我们动动脑筋把这几句话连成一小段。”

最后，这一小段被大家整理成：“杨老师在班级里看到一个小姑娘，头上扎着两条胖胖的辫子，脸蛋白里透红，长着一双明亮的眼睛，脖子上围着一条黑白相间的围巾，穿着黄绿色的羽绒服，手上戴着手套，颜色有红有黑，像个洋娃娃一样。杨老师非常高兴，朗读《萧伯纳和小女孩》这篇文章时，就让她当文中的小姑娘。她，就是我们班的吴园园！”

这节复习课，在习题之外，因为有了这个附加的细节，学生过得特别愉快。

课后，吴园园写了一张纸条给我：“谢谢杨老师和同学们，这节课听了你们的话，我很高兴！那时，杨老师让大家描写我，我心里很害羞，因为从一年级至三年级，从来没有人这样看着我，这是第一次，很难忘！”

是啊，现在想来，我也难忘，而且感觉值得珍藏，尽管这纯粹是课堂上一念之间的临时决定与临场发挥。或许触动心灵的教学情节，常常是可遇不可求的。

编辑叔叔阿姨“害羞”了

这节课上三年级第15课《争吵》，课文选自意大利作家亚米契斯的名著《爱的教育》。上课前，我就准备了这本书。当我向学生介绍时，有些学生好奇地说，老师，您把这本书里的这篇文章读给大家听听，看看和我们的课文是不是一样。

我想，这个建议不错，我还真没认真对照过。于是，我就在书里找到了这篇文章读了起来。学生听得很认真，眼睛盯着课文一行行地往下看。

刚读完，就有学生举手了。

潘宁说：“题目不一样，老师读的是‘争闹’，我们课文里是‘争吵’。”

青青说：“老师读的文章里有日期：三月二十日。我们课文里没有。”

我说：“你俩说得对，题目虽然改了一个字，意思却差不多，主要是翻译的人用词习惯不同。原来是一则日记，所以有日期，选到我们课本里，就成了一篇独立的文章了。”

接着，学生又提了一些不同的地方，基本上是遣词造句的差异。因为我手中的这本《爱的教育》是现代教育家夏丏尊翻译的，文字表达有那个时代的特点。

就在我打算结束这个话题、进入对课文的教学时，心悦同学说的话引起了我的注意。

她说：“课文写到我和克莱谛和好时，‘我被他抱住了，他吻着我。’这句话我们课文里没有。”话音刚落，有些学生就笑出声来：“抱住了……嘻嘻……吻着我……”

“老师，我也有听出来，可我不好意思说。”

“老师，为什么那本书里有，我们的课文里却没有呢？”

……

其实，起先我读到这句话时，就感觉学生有些不一样的反应，只是他们没有明显表露出来。我本想不去理会，现在学生主动地提出来，反倒更加引起了我的兴趣和思考。

我问：“为什么编写课文的编辑叔叔和阿姨把这句话省略了呢？”

潘宁说：“我知道，是因为这句话里有‘抱’和‘吻’，编辑叔叔和阿姨害羞了，不好意思让我们读到。”

陈保护说：“叔叔阿姨认为我们是小孩子，不适合看这个。”

黄小棋说：“他们不想让我们小孩子看，就去掉了，另外出了一本《爱的教育》，把‘抱’和‘吻’保留着给老师和大人看。”

我笑了，说：“可是，意大利的小孩子也可以看到这些，其他国家的小孩子也能看到这本书，他们的编辑叔叔和阿姨为什么不害羞呢？而且，你们也能很方便地去书店买到这本书，同样可以读到‘抱’和‘吻’啊！”

学生听后显得有些迷惑了。

“老师，那您知道为什么吗？”林易问。

我想了想说：“那是因为我们国家没有这个风俗习惯。你们看过外国的动画片吧，他们的爸爸妈妈和孩子说再见时，就会很亲热地拥抱一下，在额头上吻一下，也包括朋友之间，这是很正常的。但在我们国家就没有这样的习惯，叔叔阿姨怕我们觉得奇怪和吃惊，所以改了。”

这一次，是学生在笑了……

我知道，我这样的解释是有些勉强的。其实，在小孩子的天地里，互相抱着玩闹，乃至在对方的脸上亲吻，都是无瑕童心的一种自然表现。一旦大人用成人的意念和目光去看待和评判小孩子的这些行为时，必然会给这些行为涂上成人的“色调”。假使还进行某种干涉，往往使小孩子在大人的这种“有色眼镜”与斥责中曲解了自己的行为。可以这样说，中国的一些家长和老师都习惯于“以大人之心度小孩之腹”，这不但无益于孩子的健康成长，而且会催生出孩子的一些问题。

我对学生的这番解释不知是否符合教材编写者的意思，在此，我更想问问他们，假如不删除那个细节，原汁原味地保留着又会怎么样呢？像我今天的这种对照，孩子会出问题吗？假如没有这样的对照，在某一天，尤其是当这些学生长大了，在他们意外地发现了这点，而又没有人去作恰当的解释或解释得支支吾吾时，他们又会怎样揣摩与看待我们这些教育者和教材编写者的“内心世界”呢？

后来，我为此还专门去了多家书店，找了好几种版本的《爱的教育》，发现在不同的翻译者笔下都有“抱”和“吻”这一细节，比如有一本是这样写的：“……他用手拉我的肩膀，我不由自主地倒在他的怀里，他吻了我一下……”由此可知，教材编写者的确是有意改变了作者的原意。而实际上，这个细节的存在，更能把克莱谛的天真活泼与憨厚率性表现得淋漓尽致，让人读后感觉他就是一个真实的小孩子。

夏丏尊先生在上世纪二十年代初首译了《爱的教育》，就能尊重和展示克莱谛——一个小孩子真实的“抱”和“吻”，可为何在过了八十几年的今天，在我们最为广阔的课堂上却看不到这些，反倒在课堂之外的书店里处处可见呢？

这，难道不值得我们深思吗？

此时“不讲”胜有声

上《桂林山水甲天下》那课时，学生蔡思思问大家：“课文中讲到的‘西湖’、‘泰山’和‘香山’都在哪个省，谁知道呢？”

“‘西湖’在浙江省啊！”好几个学生异口同声地喊出来。毕竟这是自己家乡的风景区，他们喊了以后还得意洋洋的样子。

“那‘泰山’和‘香山’呢？”

这一下没人吱声了。大家都看着我，蔡思思也转身看着我，看她眼神就知道在等着我把“答案”告诉大家。

如果是过去，尤其是“初为人师”那些年，我肯定会把这个“答案”认认真真地、详详细细地“教”给他们。那时常常想，教师嘛，这是最能体现“价值”和“能力”的关键时刻啊！可现在，我不想这样做了，我觉得学生永远是学习的主人，他们能独立去做的，教师何必“越俎代庖”呢？

于是我朝大家笑着说：“老师知道‘泰山’和‘香山’在哪个省，但老师现在不说！”

“为什么啊？”有些学生急了。

“老师想考倒你们，虽然你们人多，但是不一定能找到这个答案！即使找到答案，也不一定比我知道的多！”我故意装出很神气的样子，“怎么样啊，要试试吗？我可是很有信心的！”听我这么一讲，学生个个情绪激昂，摩拳擦掌……

第二天，黄真第一个跑到我的办公室高兴地对我说：“老师，我找到了，‘泰山’在山东省，‘香山’在北京市！”

我用赞许的目光看着他问：“你怎么知道的呢？”

“我爸爸是中学老师，我昨晚翻他的语文书，无意间发现了里面也有这个答案！”黄真兴奋地答道。

“好啊，多看多浏览各种书还是会有收获的！你的表现不错，老师就让你把这个答案写在黑板的左下角，并签上你的‘大名’——这可是班级新闻的‘头版头条’哦！”他听了激动地跑去写了。

上课时，有些学生说黄真写的没错，他们找到的答案也是这样，还告诉大家自己获得“答案”的经过。这时，阿翔说：“老师，我对黄真写的有补充：泰山，五岳中的东岳，在山东省中部。主峰玉皇顶海拔1524米……古代的人以泰山为高山的代表，常用来比喻敬仰的人和重要的事物……过去还称岳父为泰山，这个我在电视上经常听到。我把这些内容都摘录到“读书笔记”里了。另外，我还特意去查‘岳’字，原来这里的‘岳’字是指‘高大的山’。”

我好奇地问阿翔：“嘿，这么详细，你是从哪里获得这些内容的？”

“我用了哥哥大本的《新华词典》，比《小学生新华字典》详细多了！”

“老师，我来说说‘香山’！”小丽接着说，“‘香山’是北京市的一个风景区，山上有很多美丽的枫树，一到秋天山上就一片火红，特别漂亮！我叔叔去年到北京旅游时就去过那里……”

“刚才阿翔说到‘泰山’是五岳中的东岳，我这里还有其他

‘四岳’的内容：南岳衡山、西岳华山、北岳恒山、中岳嵩山，泰山是五岳之首！……我是从学校图书室借来的一本有关地理的书上看到的。”小梅说着扬了扬手中的那本书。

晓飞也迫不及待地站了起来说：“我还知道，孔子就是山东人，山东挺有名气的！我是和爸爸一起上网找的，还看到介绍泰山的一些美丽的图片呢！”

……

听着他们各自津津有味地介绍，我着实有些惊讶，当时只是想到他们可能就查查字典，没料到竟还给我上了一堂“课”！还没等学生提出，我自己就先向他们“认输”了：“同学们，你们赢了，我为你们感到高兴，你们‘青出于蓝而胜于蓝’！”我说着向他们竖起了大拇指，学生听了都欢呼起来，看得出他们很高兴，为学习而感到高兴！

这件事让我一直思考着这样一个问题：学生的生活就是一个丰富多彩的“资料库”，只要他们乐意去听、去看、去问、去找、去做……就会有更多的“发现”和“体验”，而这就需要教师有时候必须“不讲”，而是给学生一个机会、一个突破口、一个探索的方向。假如教师为了图一时的方便，为了表现自己知识的渊博而滔滔不绝地让自己什么都讲，学生反而会变得依赖，变得被动，变得“偷懒”。由于他们缺少主动探寻“答案”的过程，他们将体验不到“劳动后收获的喜悦”，这往往也是造成学生兴趣“丢失”的一个重要原因。因此，教师适当地讲，恰如其分地“不讲”，这的确影响着学生学习兴趣的培养与能力的发展。

由此，我想说，教师“能讲”是一种能力，而“不讲”更是一种艺术！

一个词语引来的故事

四年级的一节阅读活动课上，小梅指着课外书里的一个词“座右铭”，说自己忘带字典了，问我什么意思。我想了想，悄悄地对她说：“我们考考大家，看谁能最先帮你这个忙！”

小梅听了会心地一笑，就把这个词写在了黑板上问大家，立刻就有几个同学拿出字典查了起来。这时春意说：“我先来猜猜，因为有个‘座’字，好像和‘桌子’或‘座位’有关系，而‘右’字应该和‘右边’也有关系吧！”

我朝她点点头：“不错不错，有点意思！”

“小梅，联系上下文理解啊，”秋秋提醒着，“你把整句话抄在黑板上让大家一起想想！”

小梅拿起粉笔抄了起来——“表弟听了老师的话，就把‘好好学习，天天向上’这句名言当做座右铭，贴在课桌右上角……”

秋秋读着读着，高兴地说：“我知道了，‘座右铭’就是把名言抄在纸上贴在课桌上嘛！贴在右边，可能是看起来方便吧!”

这时，静静也兴奋地说：“没错，我在字典里也找到了这个词：就是写出来贴在座位旁边的格言，泛指警戒、激励自己的话。”

“看来，春意敢猜，秋秋能联系上下文思考，这也值得老师学习！”我鼓励说，“以后谁有难题也可以像小梅一样请大家帮忙！”

此时，壮壮有些坐不住了，眨着眼睛说："老师，我也想写一个'座右铭'贴在课桌上，行吗？"

嘿，这鬼精灵，真有想法，我摸摸他的头赞赏道："当然行啊，而且还是个很好的想法，老师支持你！"

"老师，我也要写！"

"我也要……我也要……"

一下子很多同学都举起了手……

第二天午休，我一进教室就看见很多课桌上都已经贴上了"座右铭"。第一节课，我就让他们说说自己的"座右铭"。

壮壮第一个说："我的座右铭是'有志者事竟成'，我想有个目标，期末考试争取'优'！"

大艺说："我写的是'一日之计在于晨，一生之计在于勤'，我要珍惜时间，改掉做事拖拉的毛病！"

"老师，我写的是自己的'名言'！"蒙蒙说，"'认真听讲，积极发言'，我喜欢听，更喜欢说，我愿大家做得比我更好！"

"我也是自己的：做任何事不能光说而不动脑筋！老师，您觉得怎样啊？"陈佳佳用期待的目光看着我。

我高兴地说："都很有自己的特色啊，老师很喜欢这些'名言'！"

"老师，那天您刚教我们写隶书，我就用隶书来写字，还涂了颜色，加了花边，插了图呢，您看！"振翔满脸的兴奋。

我走近一看，的确很漂亮，不禁向他竖起了大拇指："挺有创意，你把美术都用上了，不简单！"

"老师，我先写这句：'上课不做小动作，按时完成作业！’做到后再换另一句：‘每天都要看有益的书！’以后还可以根据自己的情况换成其他的‘名言’！”

……

正当大家说得津津有味时，突然小慧冒出了一句：“老师，我们都有座右铭了，您也应该在讲桌上写一句啊！”

一石激起千层浪，大家都说对，我不觉一愣，推辞道：“老师办公室已经有了，这里就免了吧！”

“不行，我们也想听听您的想法！”李士东环视了一下全班说，“大家觉得呢？”

“是啊，这样才是老师您说的‘师生平等’嘛！”

“老师，您也是班里的一员，我们也想知道您努力的方向！”

“老师，您应该做我们的表率，怎么能落后呢？”

听着他们一个个“摆事实讲道理”，我笑了，为他们的“寸步不让”，为他们的可爱与机灵，我真诚地说：“行，让老师考虑考虑！”

于是，第二天，我就早早地把自己昨晚想的“名言”认认真真地贴在了讲桌上：“我曾经也是学生，也渴望着老师的沟通、理解、鼓励、宽容和赏识……当年我需要的，也是现在学生需要的！教育，就是让我把曾经需要的给学生！”一下课，学生们就争先恐后地来看我的“名言”，有的大声地读着，有的兴奋地议论着，有的还不时地向我提问题。

看着这兴高采烈的场面，我也非常快乐！虽然学生并不是都明白我那句话的含义，但是师生之间的那份融洽，那份交流的坦诚让我真切地感受到了教师具备一颗赏识和平等的心灵对学生是多么重要啊！学生会因此而个性张扬、生动精彩、自信快乐！

自学课，当学生“无所事事”时

那节语文课还剩下一些时间，我让学生做作业。不多久，就有几个做完了作业的学生在玩，在闲聊。我便不动声色地走到其中一个学生的身边，对他说：“你现在有空吗？”

他摸了一下头，有些犹豫地回答：“作业做完了，没事了！老师，你要我做什么呢？”

我说：“如果你有自己想做的事，比如看课外书、练钢笔字、画画、朗读课文，等等，你就去做，要是很空闲，有时间和别人讲话，老师就布置一些‘作业’给你一个人做，比如抄写很多遍的生字词和课文等，这可是很无聊、很吃力而且没什么效果的‘劳动’啊！我是专门留给没事做的人做的，怎么样，你有事做吗？”

他听了，向同桌伸了一下舌头，急忙说：“老师，我有事，我有事做，我还要看《安徒生童话》呢！看好了，还要预习数学，还要……”他一边说一边忙着把书从书包里抽出，呼啦啦地翻开，认真地看了起来。

“好吧，那你就忙自己的吧，老师不打扰你看书了！”我故意提高音量，大声地说着，“我找其他同学去，看他们有没有事情做，要是没事情做，就让他们单独做些作业！”

其他在说话或正想说话的学生听了，连忙看课外书的看课外书，预习课文的预习课文，画画的画画……

从那以后，在自学课上，当有学生一听到我说“你现在很空闲吗？那老师单独给你布置些作业！”时，他们就会会心地笑着，然后很主动地去忙自己应该忙的事了。

记得刚踏上工作岗位时，由于没有经验，如果学生自学课讲话，我就会严厉地批评他们：“自学课不要随便讲话，违反规定的要罚抄课文！”虽然学生大都也会停止讲话，但是师生的情绪却很对立，偶尔有学生撞在“枪口”上被“处罚”了，也是满脸的沮丧和怒气。总之，那段日子，学生和我之间的距离是越来越远了。

后来，经过一段时间的教育实践和学习，我愈加感受到教育学生，尤其是教育小学生，教师“艺术”地提醒与恰如其分地暗示，往往比生硬的警告和强制性的“处罚”更能赢得学生的接纳与配合。而这两者的区别，就在于前者更具人性化，更能让学生体会到教师对他们的尊重和爱护。

我们是这样认识的

这学期，我接六年级（1）班，是原先的五年级合并后重新分的班级，部分学生还是完小撤销后插进来的。因此，不但师生之间很陌生，而且学生之间也不大熟悉，不说其他的，就说名字和人，如果没有经过一段时间也是很难对得上号的。

第一次见面，我进了教室什么也没说，只是微笑着环视了一下教室，等学生都静下来了，就从口袋里抽出一张事先准备好的方形小纸片看了起来。我问大家："你们猜猜看，老师手里的纸片上写的是什么呢？"学生很好奇，因为以往不是老师拿着点名册一一点名，就是老师让他们按座位一个个地自我介绍。

有的说："是不是某几个同学的名字啊？大概他们还没来报名，老师想问问大家有没有认识他们的！"

也有的说："我觉得纸片上可能写的是老师对我们这学期的一些要求和期望吧！"

还有的说："说不定纸片上什么也没有，老师只是想吸引我们的注意力！"

……

我神秘地摇摇头："你们说得蛮有道理，想得也不错，但是都不对！下面老师要公布谜底了……"

学生被深深地吸引着，我故意停顿了一下说："其实，这是老师——手工制作的一张‘名片’！”

这下，好多学生更加好奇了。

“老师，‘名片’是什么呢？”

“我知道，‘名片’我见过，我爸爸就有，上面写的是他的名字、干什么工作、电话和联系地址等。”

“‘名片’都是印刷出来的，老师您的却是手工制作的，那是怎么制作的啊？”

“老师，您做这么一张‘名片’，干吗用呢？”

“老师，您把‘名片’念给我们听听吧，上面写着什么呢？”

看着学生兴致高涨、满脸疑问的样子，我说：

“老师这张‘名片’制作起来非常方便，主要是为了向大家介绍我自己，让大家对我有个初步的了解。现在我把‘名片’的内容念给大家听——姓名：杨聪（大家可要叫我杨老师哦）；笔名：温州好老师（因为想做温州的好老师，大家要多支持啊）；爱好：看书、打乒乓球、散步、写文章、画画、聊天等；喜欢的名言：有志者事竟成（还有很多，先写这一句）；联系方式：手机：13506535160，电话：64891160；家庭住址：本镇灵江街37号（有空找我玩）——制作这张‘名片’所用工具是钢笔。”

说着，我把“名片”贴在了讲桌的右上角，趁热打铁补充道：“要是你们忘了有关老师的这些基本情况，课间随时可以来查看、摘录。当然，老师也想认识大家，你们也要互相认识，如果只是简单地自我介绍，这么多人，这么短的时间，很容易就会忘记的，所以，最好的办法就是——”

我还没说完，就有学生兴奋地喊着：“我知道了，我知道了，我也要制作自己的‘名片’，这真有意思！”

“老师，我也要制作！”……

很多学生都迫不及待地拿出纸笔开始动工。我随即在黑板上写下了中午的作业：每人制作一张“名片”，贴在桌子的右上角。

到了下午那节语文课，我一进教室就看见了每个学生的桌上都贴上了自己的“名片”，各种各样，有黑白的，也有彩色的，有朴素淡雅的，也有五彩缤纷的。有的用上了美术字和书法，有的画起了插图和花边，还有的给自己设计了卡通头像。版式各有差别，内容也比我那张增添了许多，比如有写自己理想的，喜欢看什么书的，敬佩谁，自己的朋友是哪些，自己有什么优缺点，性格怎么样，生日是几时，喜欢的颜色，是什么星座，等等，真是精彩纷呈，个性十足。而让我感到有些“得意”的是，有几位学生已经把我的名字写在了“我喜欢的老师”那一栏上了。

我快速地浏览了一遍全班学生的“名片”，然后就按顺序让学生把自己的“名片”念给大家听，学生个个念得认真，听得有味。这节课过得充实愉快，有些学生马上就彼此记住了……在接下来的那几天，学生热衷于互相看“名片”，互相交流着。当我在指名学生回答问题不知道名字时，也会很自然地走到学生的桌边“读”出他的名字，这也大大方便了其他任课老师。不到两个星期，我们班的每个人都提早成了“熟人”了。

窦桂梅说：“教育永远不会缺少生机和活力，而是缺少一份平常的发现，也可以说缺少一些‘雕虫小技’。”一张小小的“名片”，不但加快了大家互相认识的脚步，还增进了彼此间的感情。而最能体现我的初衷的，就是它给学生留下了一段美好的回忆！

功夫在“分数”之外

期末，发“素质报告单”那天。

我正在办公室，一位男子进来问：“杨老师，潘婉语文考了多少分？”

“你是她父亲吧？”

他微笑着点点头。

我翻看了一下期末成绩表，说：“65分。”

“怎么就考65分呀？”他显得很尴尬。这时，我发现潘婉已经站在父亲的身旁，她父亲立刻生气地呵斥道：“这么差，你怎么考的？啊！”

潘婉很难为情，但还是微笑着，两只手掌不经意地来回搓着。

我说：“也不能只看这分数，你可能不了解，潘婉这学期真的是进步了，特别是近一两个月，常举手回答问题，而且答得很不错！”

她父亲又说：“可她怎么就考了65分呢？也太少了，记得一、二年级时都有八十几分呢！”

“除了分数，你了解你的孩子吗？她三年级被我接过来时是什么样，你知道吗？当时，她时常不写作业，时常推三阻四找借口，三年级时也考过不及格呢！你只知道一、二年级考八十几分，可这怎么能和三、四年级相比呢？”

他有些不好意思地说："唉，也是我太忙了，和她妈妈都在外地做生意，她一直跟奶奶，这些年来也不了解她啊！可是我儿子就厉害多了！"一说到儿子，他就兴奋起来："我儿子也不在我身边，在亲戚家读二年级，总是考九十几分，看他也没怎么做作业，一直就很优秀。潘婉这个做姐姐的和弟弟比起来，相差太大了！"

我说："孩子总有不一样的，就连双胞胎都有差别，有的还相差很大呢，何况潘婉和弟弟生活的环境和接触的人都不大一样。你总是盯着弟弟分数上的'优势'同潘婉进行比较，她肯定有很大的压力，而且有可能永远处于劣势。这学期她进步了些，也改变了些，现在你却一看见65分就满脸的怒气，而不去了解孩子的生活和学习习惯、品行行为的改变，这对孩子是不公平的！"

潘婉不知何时已经走开了，我能感受到她的难过，我也为她父亲的说法和做法感到难过，如果他不改变对女儿的态度，那女儿的点滴进步永远会被他这种"唯分数"的高要求和不正确的比较所忽略和掩埋，那刚刚有所改变的潘婉很可能因为看不到和享受不到大人的肯定和鼓励，又会自我放弃而回到原来的样子。

起先当她被父亲埋怨只考了65分时，我看见了她羞愧的表情，那分明就是在自我批评：爸爸，我只考了65分，对不起，我不是故意的，我已经在努力了，我会继续努力的……可是，在一年前的三年级时，她根本就没有这样的表情，每次没做作业，要么找借口，要么无所谓。当一个孩子有羞耻感时，他的内心就有了改变自己和追求上进的动力，此时，哪怕他的成绩没进步，分数没提高，我们都应该用宽容和理解的心鼓励他、抚慰他，耐心等待，给予孩子时间和空间，他才有改变、蜕变的一天。

潘婉的父亲被我说了之后，有所感悟。他笑着说，谢谢杨老师，让您费心了。

我想，改变一个孩子，的确需要家长的配合。如果家长的观念和做法能顺应和支持老师的教育，那孩子改变是很有可能的。否则，老师的努力就会事倍功半，甚至徒劳无功。有时与其说是在教育和改变孩子，倒不如说同时也在影响和改变家长。其实，好的教育观念与行为，适用于每个层次的人，大人和孩子都能从中受益的。

后来，又有两位家长给我留下了深刻的印象。一位是陈沛的父亲，他也是来问分数的。一看考了80分，他高兴地说：“真没想到他能考80分。临近期末他手摔断了，三个星期没来呢！”

我说：“这次是考得不错啊，以前他一般只考六七十分，甚至不及格呢。在家休养了这么久，还能考80分，的确值得表扬！”

当陈沛的父亲满脸笑容地离开时，我就知道，这个新年陈沛将过得心情舒畅了。虽然陈沛这次考得有些让人出乎意料，但是，对于分数，我只是当做参考。我评价一个学生，都要考虑这个学生的整个生活、学习的状态，比如作业完成、书写习惯、学习态度与自觉性、上课听讲、举手回答问题、思考能力、值日工作，还有脾气、性格、对人对事的心态，等等。但家长却很少想或不想这些，他们一来只问分数，考得高，就满脸笑意，考得低，就满脸怒气。

当林欣的妈妈来问分数时，我说她考了82分，她也很不满意地说：“只考这么多！”

我问她："你知道林欣有一个不好的脾气吗？"

"什么呀？"她有些疑惑。

我说："很容易生气、发脾气。任何同学'碰'了她，无论有意还是无意，只要她觉得委屈，就会大发雷霆，紧咬牙关，捏起拳头，不是哭，就是闹，时常把自己的书包丢在地上，把自己的书撕了，把自己的桌子推倒。"

林欣妈妈听了，显出很平常的表情："哦，这个啊，她本来就是这样的犟脾气。小时候，她爸爸说她几句，也这样。"

我加重了语气问道："这样的脾气好吗？难道林欣喜欢这样？你说她本来就这样，其实也是可以改，也应该改啊！可你现在只重视她的分数，对这些都不在意！"

她听了沉默着，显得无奈的样子。我知道，她不是不想改变林欣，而是没有能力和办法去改变女儿的脾气，久而久之就习惯了，觉得这改不改，问题也不大。我想到另一个男生蔡亚，也有这样的脾气（《教育的另一张面孔》里的那篇《招数》写的就是有关他的事，可对照着看）。他曾在期末的一篇作文《蔡亚写给杨老师的信》中提到："三年级我发脾气发了好几次，还有一年级、二年级也这样，每次发脾气都特别难过，也特别难受，自己又控制不住。如果可以改掉这个大毛病，爸爸妈妈就不会担心了，老师您有没有办法改掉我这个毛病呀？如果改掉了，全家人、同学、老师就喜欢我了，我自己也舒服了。"从中不难看出，孩子也是很想改变自己的。对于蔡亚，我印象深刻，他和林欣一样，发起脾气来，声嘶力竭，心跳加快，脸色铁青，自己对自己生气，自己对自己用着力气，有着自虐的倾向，这对其自身的伤害是很大的。

我发现，像我们这样的乡镇学校，还有一大部分的家长是文盲、半文盲，或只是小学的学历，就算有些是初、高中毕业，基本上也都不懂得怎么教育孩子。他们了解孩子在学校的学习情况，最多的途径就是问老师孩子考了多少分。要是分数高了，符合他们的心意，就皆大欢喜，什么问题都不是问题了；要是分数低了，不是挖苦，就是打骂，孩子有优点也都忽略不计了。我就曾亲眼所见，在办公室，另一个班级的一个家长，因为女儿考了六十几分，做母亲的她就反复唠叨：“你真笨，你怎么这么笨啊，就考了这么一点儿分数！”还用手指戳着女儿的前额，女儿被骂得一句话都不敢说，呆呆地站着，耷拉着脑袋……像这样的家长，在当前的农村学校，真的不在少数。如果你觉得他们不爱孩子，那你就错了，他们也爱自己的孩子，但他们的“爱”都是用无知、无奈、随性，乃至是随便的方式在伤害孩子。可以这样说，因为他们错误的言行，使自己和孩子都成了受害者。在他们的潜意识里，他们觉得这就是“教育”，就是“关心”，就是“责任”，他们就这样一代代地自然而然地“传承”着。

中国的多数家长都有这个共同的“嗜好”——极其重视孩子的考试分数，总是为了“分数”而关注“分数”，有些家长的表现更是让人觉得分数比孩子还重要，结果使得自己和孩子长期在“分数”中滚打、焦虑、徘徊、互相伤害。南宋诗人陆游说过：“汝果欲学诗，功夫在诗外”，其实，教育的道理也是这样，如果真的想扎实有效地提高孩子的成绩，那就应该把“关注”的功夫下在“分数”之外，比如关心孩子的生活起居和学习习惯、重视孩子的心理烦恼和需求、指导孩子交友和待人处世、培养孩子体育锻炼的兴趣，等等。当家长眼中真正有了孩子这个鲜活的人并让其身心处于健康成长的状态时，那分数的提高常常是水到渠成的，因为这不过是上述状态的“附属品”而已。反之，则舍本逐末，甚至是背道而驰了。

常言道：子不教，父之过。问题是，现在的为人父母者都懂“教”吗？都会“教”吗？要知道，父母的错误之“教”，其“过”往往更甚矣，岂能不慎乎？

用爱心解读童心

面对各种各样的“后进生”，教师常常会感到既苦恼又无奈。但是，实践表明，当我们真正热爱他们时，我们就会用心用情地运用各种科学的教育方法来帮助他们获取成功和进步。这样，在我们的课堂里，在我们的心灵中，每位“后进生”也都会快乐飞翔，而教师的理解、宽容和耐心，则永远是“后进生”获得成功和进步的源泉。

让老师也参加

刚接班没几天，班长张鹤就一脸怒气地跑来向我告状：“老师，林华总是不遵守纪律，不是在教室里大吵打闹，就是到操场上破坏我们玩游戏。”说完，张鹤用企盼的目光看着我，急切地等待我下“命令”处理林华。

这个林华，我还没接班时就从原班主任那里知道了他：不爱学习，又好打闹，调皮捣蛋，经常挨批却屡教不改，是个让任课老师头疼的学生。现在又出现这种情况，我该怎么办呢？还像过去那样把他叫来批评一顿？可是，这样会有效果吗？我想了想，对张鹤说：“老师要交给你一项重要任务，考考你这位班长，你敢不敢做呢？”张鹤好奇地问：“什么任务？老师您说，只要班长能做的，我就敢做！”“那好，从明天开始，你玩游戏或活动时也请林华参加，可以吗？”张鹤愣了一下笑了起来，说：“没问题，这个任务简单，我一定完成！”

过了几天，我路过操场时，无意间看见张鹤正领着几个同学和林华兴高采烈地踢着足球。那天，在课堂上我高兴地表扬他们：“老师非常欣赏张鹤、林华等同学在操场上生龙活虎的表现，老师也喜欢运动，不知下次能否让老师也参加？”我的话音刚落，他们就兴奋地喊着：“可以可以，我们欢迎老师参加！”第二天中午，张鹤和林华一左一右迫不及待地拥着我上了操场……

后来，我发现林华不但时常和张鹤他们一起玩，也在一起学习、做作业、讨论问题了。任课老师说，林华对学习比过去有兴趣了，成绩也提高了一些。在班级管理上，张鹤也得到了林华的配合。好几次，张鹤还推荐林华当值日班长，林华干得也不错。从那以后，我就越来越少听到有谁针对林华的“告状”了。

我知道，林华的转变是我让他自然地融入班集体、接受其他学生的影响和帮助的结果。这件事告诉我，让学生影响学生，是一个看似平常却不容忽视的教育方法，它更能够挖掘学生潜在的教育力量。但是，这种教育方法的成功运用，需要我们教师对学生具有真诚的理解和充分的信任！

我们也是好搭档

开学一星期后的一节语文课，一直上得非常顺利。当课堂接近尾声时，我在每组点一名学生上讲台做一个简单的练习：看拼音写词语。当我无意间点到第四组的晓文时，他却低垂着头，站着不动，好像在接受审判一样。这时，有学生说："杨老师，他不会做的，他成绩很差，胆子很小，以前我们老师都不点他的……"我听了不觉一愣：让他坐下，再叫一位？但是，晓文那沮丧、自卑的样子深深地刺痛了我的心。

我停了一下，对晓文说："黑板上的拼音你能念吗？"他没回答，只是轻轻地摇了摇头。我对大家说："谁愿意帮他？"话刚说完，立刻有许多学生举起了手。我又对晓文说："你看，有这么多同学愿意帮助你，但必须经过你的同意，你喜欢叫谁就可以叫谁！"听了我的话，他沉默了一阵子后慢慢地抬起了头，然后用手指了指同桌。同桌晓娟满心欢喜地把拼音大声地念了出来。"现在，你能写了吗？"我问。他依然摇头。"那好，老师也愿意帮你一下！"我边说边帮他在课本上画出那个词语："你仔细看看后，就可以上台写了。""老师，我……我记不住……"他终于小声地说出话来。"没关系，你把这个词语抄写在黑板上就行。"他用犹豫的目光看着我，这是他第一次主动同我对视，我微笑着朝他点点头。于是，他马上跑上讲台，一笔一画地把那个词语端端正正地抄写在黑板上。

当晓文走下讲台时，教室里突然响起了掌声。这出乎我的意料，我知道这掌声既是给晓文的，也是给我的。我看见晓文的脸上露出轻松而又愉快的笑容。我摸了摸他的头说："你把字写得这么认真，老师很高兴！大家的掌声告诉老师，你跟同桌和老师配合得很默契，同桌读拼音，老师找词语，你写字，我们是这堂课的好搭档！"晓文仰着头，眨着眼睛看着我，开心地笑着，那快乐的神情深深地印在我的脑海里……

今天这节语文课证明，如果我们在教育要求上“退一步”，那么就有可能让“后进生”也成为我们快乐的搭档，从而使他们在参与中获得勇气、信心和成功。既然如此，在对待“后进生”时，我们的教育为什么不能采取“以退为进”的策略呢？

送你一张特殊的“奖状”

这学期的第一次作文，我让学生自己命题，想写什么就写什么。作文交上来时，姗姗的《老师，我想对您说》深深地触动了我：

> 杨老师，我是个笨学生，成绩差，比别人都差，我没有什么特别突出，老师都不注意我，大家也都不喜欢和我玩。每当老师表扬其他同学时，我就感到孤独……老师，我是不是很差？是不是很没用？我妈常常说我越来越糟糕……杨老师，今年我终于有了一点儿快乐了，那就是上您的美术课（我兼任美术课），我爱画画，我发现自己画画进步了，因为第一次优秀作业评讲时，您也点到了我的名字，还把我的画拿给大家看……

这篇作文我一口气读了三遍，心情一遍比一遍沉重，脑海中不时地浮现出姗姗那张没有笑容的脸和脸上那双焦虑、忧郁的眼睛——我感到一阵阵难以言状的酸楚，唯一值得安慰和庆幸的是姗姗——这位沉默寡言、心事重重而又孤立无助的女孩——终于找到了一个可以倾诉的人，把独自煎熬的心里话告诉了我——一位在美术课上不经意地表扬了她一句、跟她相处仅仅两周的老师！我为姗姗对我如此信任而感到由衷的欣慰和自豪！姗姗，你的心灵是多么需要抚慰和关爱啊！

作文评讲那天，我读了几篇优秀作文后对大家说："除了这几篇好文章之外，还有姗姗的一篇心里话写得非常真实感人，它深深地感动了老师，让我难以忘记！老师感谢姗姗送的这份特殊的'礼物'，老师也要发给她一张特殊的'奖状'——一张老师自己创作的儿童画《神笔马良》，因为老师知道姗姗也像马良那样热爱画画……"

当姗姗在大家的掌声中红着脸蛋腼腆地走上讲台时，当她激动地从我手中接过"奖状"时，我第一次看见她含着泪花甜甜地笑着，那笑脸的确像一朵花开在我的心里……

此后，每当我回想起这件事情时，我都会产生这样的感慨：是啊，只有当每位学生都快乐时，我们教师才会快乐，只有这种快乐，才是真正的教育的快乐。作为一名教师，我应该加倍努力地去创造这种快乐！

犯错，也是孩子的一种表达方式

开学第二周的一天早上，组长倩倩跑来告诉我林兵没做作业。我让她把林兵叫到了办公室。

“你没做作业？”我轻声问。

他沉默着。

我又问了一遍，他还是一言不发，抿着嘴唇，低垂着眼帘。我说：“你要是真的没做，那总有个理由吧，比如做不来，或不想做，或感觉作业太多……”

他听了也只是眨了一下眼皮，快速地看了看我又恢复了原来的表情，紧闭的嘴巴一直就没有张开过。看到他这个样子，要是在初为人师的那些年，我肯定会气不打一处来，本能的想法就是：连老师的话都不听，这不是挑战我的尊严吗？但现在，我却不生气，反倒有兴致想着怎样让他自然地开口说话。这不是因为我的品质有多么高尚，而是我喜欢探究学生的心思……

我接着说：“你不说话，老师怎么知道你的想法呢？你说说自己的意思，我们可以一起商量解决啊！要是觉得不好说，那不妨写给老师看吧！”我从抽屉里拿出了纸和笔递给他。他犹豫着，没有去接，又看了看我，见我还是心平气和的，终于小声地从牙缝里挤出了三个字：“不想写！”

听到他说话了，即便只有轻轻的三个字，我也感觉自己的努力有了成效。其实一开始我就清楚他是不想写的，之所以还这样“明知故问”，那是为了通过这样的“问”以求给学生营造一种宽松、亲近、信任的氛围，让他感受到就算自己做错了，但和老师的对话却是需要的。

也许有些老师一听到“不想写”三个字，可能就会采用以下几种方式掐断了学生刚刚显露的说话“苗头”——要么训斥他：“你这是什么话，做学生不想写作业就不写，什么态度啊！把没写的马上补起来！”要么处罚他：“你这是不尊重老师，知道吗？罚抄五遍，下次再这样，还要多罚，看你还能硬到哪里去！”要么叫家长：“你这样读什么书，叫你爸妈过来说说看！”要么干脆打手心、罚站，以让他以后长个记性——林兵好像在我接这个班之前曾经遭受过上述的某种方式，说了那三个字后，他条件反射似的紧绷着脸，一副破釜沉舟的样子等着我大发雷霆。可我的表情依然如故，他脸上顿时浮现出出乎意料的神情。我继续问他：“开学初到现在，大概有四五次的作业，你都是不想写吗？”

“不是，就是昨晚那次！”林兵的声音大了些，而且还显得有些急切。我想也是，要是都不想写，倩倩早就过来告诉我了。

“是抄写第一课《别了，我爱的中国》要背诵的五至九自然段，对不？”

“是的！”他的声音渐渐地正常起来。

“是因为一下子要抄写五个自然段，太多了是吧？”

他点点头。

“那好，老师明白你的意思了。其实昨天下午老师布置好作业之后，你如果有想法，可以私下里向老师反映的，以后也可以这样做——不过，昨晚的作业你还是要补上，这样吧，中午你先补一个自然段，剩下的再分成两三次补完，怎么样？”我试探性地问。

或许是因为我的诚恳，并重视和他的谈话，或许是因为我考虑到了他的感受，他竟主动地提出：“老师，我中午要补两个自然段，剩下的明天早上全给你看，可以吗？”

我微笑着向他点点头：“好啊，那就这样，老师等着你的到来。你回教室后，也把我们的这个意思向倩倩说明一下！”

他不知不觉地露出了笑容，嗯了一声，飞快地跑出了办公室。

下午的语文课后，林兵扬扬手中的作业本说：“老师，我抄写好了！”我看后给他打了个“优”。

第二天，林兵却没有过来把剩下的拿给我看。出操时，我问他都抄写好了吗？他说好了。我说退操后拿给我。可退了操，就是不见他来。我猜想他大概没完成不敢来了，就让一个学生去找他。不一会儿，他就拿着本子急匆匆地跑来了，原来他刚才和同伴玩去了，忘了我说的话——孩子毕竟是孩子啊，老师感觉很重要的事，在他们看来却可能是没什么重要的。

我看了他的本子后，说：“很好，你已经按时完成了自己的承诺，老师欣赏你这次的守信……以后有什么问题可要直接找老师说哦！”

“谢谢老师，我知道了！”他腼腆地笑着。

望着林兵远去的背影，我立刻想到：我不会理想化地认为经过此次的交流与疏导，林兵就不会再出现类似的问题。如果以后组长又告诉我林兵的什么作业没做时，我同样会再次想方设法地细细耕耘和体味师生交流的这一过程，唯有如此，才可能有师生情感的交融，才可能有教师真正的自我反思，而在此前提之下，教师对这类学生的“约束”才能谈得上恰如其分。如果某个教师总认为这样的学生是“屡教不改”，那可能是因为这个教师在苛求教育的完美结果，这样的主观意念等于跟自己和学生过不去。要知道，犯错，也是孩子的一种表达方式，要是教师“读不懂”或忽视了它，那孩子的“问题”，也就会越来越是问题了。

孩子，喜欢一个人没有错

那天上第七课《冬眠》，学生讨论了课后第三题之后，我又附加了一个与之相关的训练：用这道题里的带点词语“一般地说……但是……因此……”来说一段话，以体会说明文遣词造句的逻辑性。这题难度比较大，但我的目的并不是要求学生一定要对，而是让他们尝试一下，哪怕是错的。

好几位学生举手说了自己造的句子，有正确的，也有不正确的，我都一一作了点评。正当我想结束这个训练时，坐在最后一排平时很少回答问题的彭相栋竟主动地举起手来。他可是个不喜欢学习和做作业的男生，此时的举动让我感到有些惊喜，我微笑着示意他回答。

他一开口却是问我：“老师，我造的这个句子是假的，可以吗？”

我觉得奇怪，这只是造句，还分什么真假呢？我说：“没事的，老师没要求一定要真的，说吧！”

他拿起本子准备念，张张嘴却又没发出声音来，一副欲言又止的样子。大家静静地等待着，教室里的空气有些凝固，看得出彭相栋有些紧张又有些兴奋，好像还在犹豫着什么。他抬头看了看大家，又看了看我。

“相栋，句子造得不对没关系，刚才不也有同学造得不符合要求吗？老师也没责怪啊，你念就是了！”我鼓励他。

他终于念了出来，但速度很快，声音很小，给人的感觉含糊不清，我站在讲台前，更是没听明白。可是他旁边的一些同学却听到了，几个男生忍不住竟一起笑出声来。

我更加觉得奇怪，难道他造得那么差？我走近对他说：“你声音太小，说得太快了，老师和很多同学都没听清楚，你再念一遍吧！”

他又念了一遍：

“据我观察，一般地说，她是喜欢我的，但是我没有去问她，她也没有来告诉我，不知道她是不是真的喜欢我，因此，我想亲自去问她。”

这次清楚了，班里顿时骚动起来，这可是在课堂上从来没有出现过的“敏感”话题。前几排立刻有几个女生显得很生气的样子抗议着：老师，彭相栋说的是下流话……

这几个女生曾在前不久向我“告状”，说彭相栋等男生总是捉弄她们，说些“难听”的话，很讨厌。我当时作了冷处理。

然而，彭相栋念了之后反倒有了放松的感觉，这几个女生的责难好像在他的意料之中。他脸上显出愉悦的表情，宛若刚才是痛下决心花了很多精力成功地做了件该做的事。

我没有马上表态，平静地对彭相栋说：“你把本子拿给老师再看看，我要鉴定一下是不是真的‘下流’！”

他把本子递给了我，脸上显露出豁出去的神情，好像已经做好了被我训斥的准备。

我一边慢慢地走向讲台，一边考虑着。我知道彭相栋写这样的句子不管是否有所指向，多半可能是一种想象，但有一点是肯定的：他长大了！是的，他比班里的其他男生都要大，有十四五岁了。成长的力量与青春的萌动促使他自然而然地产生了某种表达的欲望与冲动。回想起刚才他有些忸怩的举止和表情，不难看出他是经过思想斗争的，有着一种想说又不敢说、不说又难受的矛盾心理。这好像也是这一年龄段孩子常有的特点。不过，从他的“老师，我造的这个句子是假的，可以吗？”这句话中可以感受到他是给自己和老师留有回旋的余地的，至少能考虑到自己的这个句子可能不适宜在大庭广众之下进行表达。假如我对他这次有意为之的“创意”进行压制，甚至一棍子打死，那么他被压抑的情绪与那股被遏止的力量就会得不到抒发、转移或升华，很可能转化成一种对抗心理，在课后还可能会演化成更为“难听”的话去骚扰那些女生。

于是，我重新把这个句子念了一遍，对大家说：“刚才有好几个女同学听了彭相栋的这句话很有意见，现在可以说说自己的看法了！我当裁判……”

李新马上起立说：“老师，彭相栋说的是真话，这是下流的真话！”

我问：“你能证明他说的是真话吗？难道那句话里的‘她’是你……”

“不，不是我……”李新急忙打断了我的话。

“就算是真话，老师也不同意这是‘下流’的，从哪里看出它是‘下流’的呢？”

李新红着脸，眨眨眼睛，朝我腼腆地笑笑，无言以对。

紧接着是小凇，她慢条斯理地说：“虽然看不出‘下流’，但是我们现在都是小孩子，不应该说什么喜欢喜欢的……这样不好！”

我笑着说：“这个理由值得考虑！不过，幼儿园的小朋友比你们都小，也说喜欢谁不喜欢谁，幼儿园的阿姨也没有反对，也没有说他们这么小不能说这个。”

“老师，你怎么总是为彭相栋说话啊？”张佩努着嘴说。

“老师不是为彭相栋辩护什么，老师说的也是自己的心里话啊！其实，喜欢一个让我们欣赏的人或不喜欢一个让我们讨厌的人都是很正常的。何况，彭相栋说的只是一个‘句子’而已，再说，他也声明是假的。我觉得他造的句子没什么大问题，是有些同学的想法可能存在问题。要是我们偏要把正常的句子说成‘下流’，那岂不是冤枉了他？万一他想不开，觉得反正被我们说成‘下流’，以后句子就乱写，话也乱说，真的变成了‘下流’，那可真的是害了人家了！我们可不能‘以小人之心度君子之腹’哦……”

彭相栋和一些男生听了我的话，感觉我是站在他们的立场说话，顿时兴奋了起来，不由自主地喊出来：“老师说得对，我们可是好人……还是老师理解我们……”

突然我话锋一转：“当然，无论是写的，还是说的，要是真的‘下流’，老师肯定会批评处罚的，就像有些大人故意用难听的话诽谤别人就要受到道德谴责与法律制裁一样。我无意间也曾听到过有些高年级同学很喜欢说些让人难堪的话，有些话就像垃圾一样，既脏了自己，也脏了别人，说的人也会被人当垃圾看的，而听的人也会远离他们、厌恶他们。这些同学也不想一想，要是这些话被自己的亲人听到又会怎么样呢？将心比心，我想李新、小凇和张佩等同学可能就是讨厌这些人吧？”我边说边用询问的目光看着她们，她们也感觉到我替她们说话了，高兴地点点头：“就是，老师，我们最不喜欢这样的人了！”很多女生也应和着……

我转身对彭相栋说：“对了，看了你的这句话，老师想起了一首小诗，很短，像你一样，也是写‘喜欢某个人’的。读过它的人都很喜欢，我也是！因为它写得很美，很有味道……”

大家听了，个个都很好奇。于是我就背了出来：

你站在桥上看风景，
看风景的人在楼上看你。
明月装饰了你的窗子，
你装饰了别人的梦。

在彭相栋那句话的铺垫下，经我稍作点拨，学生多多少少也能感受到卞之琳这首《断章》讲了些什么。有些语文理解力不错的学生情不自禁地说：“啊！是写得很好，真美……”

“对啊，喜欢一个人，欣赏一个人，能写出这样的语句的确打动很多人。所以很多人也喜欢这首诗，欣赏写出这首诗的人！喜欢，是一种美好的情感，要写，就应当尽力地抒写出自己的真情实意，要说，就应当说得文明而富有情趣，更重要的是要用行动去关心和爱护喜欢的人，这样才能获得他（她）的好感……”

经我这么一说，彭相栋和大多数学生一样，若有所思地平静了下来……

虽然这堂课的这个插曲已过去好几个月了，但是一直让我难以忘记，现在终于有时间凭着当时的日记将它整理出来。我想，面对学生情感的萌芽和一些“特殊”的言行，在不放任自流的基础上，宜疏不宜堵。堵，则会让学生感觉越来越好奇，越来越压抑，反而时常会变着花样、改头换面地爆发出来，让教师头疼、尴尬。如果教师不再遮遮掩掩地躲避，不再神秘兮兮地担心，能坦然地面对学生的这些问题，能充满爱心地进行疏导，那么学生积累起来的心理和情感的能量就能获得正确的发泄，身心也会从烦躁和迷惘中走出，平时的男女骚扰也会减少。在此基础上，教师更要引导男女生进行交往、活动与沟通，只有这样，男女生的心理和情商才能得到正常的发展，他们的成长问题才会减少。不妨这样说，青春期能否获得适时的疏导，影响着某些孩子的成长，要么使他走上通畅开阔的人生道路，要么处处堵塞了他的身心发展。

不是每个人都知道，情商比智商常常来得更重要！喜欢一个人没有错，有错的，或许在于表达，或许在于行动……

风吹草动，雨过天晴

一

晨读刚一下课，值日班长就把一本漫画《武侠故事》拿给我，说谢康晨读不认真，好几次在偷看这本书，就把它收过来了。

我把书放进了抽屉，但并没把谢康叫过来。第一节是我的课，也没提起此事。我之所以不动声色，是在等待谢康自己过来要书，因为开学初我就向大家说明，一旦有东西被收了，想要回去都必须自己过来拿。这样做是为了让学生能主动地面对“问题”，而不是被动地等待老师的“处理”。

直到上午放学，谢康也没过来。我想，要是下午还不来，那就该我叫他了。所谓“山不过来，我就过去”，教育上的一些做法，其实也是种种的策略与尝试，常常要因情况之变而变。

下午第一节课后，谢康终于过来找我了。他一进门，一副做了错事请求原谅的样子，我等他开口，他却默不做声地站着，只是时不时地瞧瞧我，我知道他在等我开口。

“怎么了？……你找老师有事吗？”我明知故问。

“老师，我……我那本……那本《武侠故事》……”

“是被值日班长收了的那本书吗？”

“是……”他眼里流露出企盼的神情，等着我把书还给他。

我沉默了片刻，突然说：“书不还给你，可以吗？”

他顿时低垂眼帘，斜睨着地面，小声地嘟哝着：“是你说过，可以自己过来要的。我就过来了……”

“很好，你能记得老师的话！书，老师会还你的。你的东西老师当然不能占为已有，不然，老师也不对了。”我边说边拉过一张凳子让他坐下，“可是，你想过自己不对在哪里吗？”

“晨读时不该看漫画书……”我的言行让他的声音大了起来，看得出他已不像起初那样拘谨，这正是我所期待的——无论孩子做错了什么，我都希望他能积极地同老师沟通，而不是习惯性地陷在沮丧、封闭或对抗的情绪中，这样才能有利于问题的解决。

我用微笑肯定了他的回答，“那好，你写份‘说明书’，把书为什么被收，以后要注意什么记下来，让老师了解清楚后，再还你。”

“噢，好的！”他立刻起身一溜烟出了办公室。

第二节课后，他就把写好的“说明书”交给我。按承诺我本该把书还给他了，但是“说明书”的字写得很潦草，我马上改变了想法：“字写不好，老师看不清楚，重写！”

于是，事情又有了以下的发展。

二

过了一会儿，他把重写的“说明书”拿给我看。这次，字是端正了，可我又发现句子有些不通，标点也有不对的。我指出了这些问题，他愣在那里，好像到嘴的鸭子又飞了，一脸的茫然。

我为他出主意："不用灰心，你不是有小老师吗，请他指导指导。"

他又振作了起来，兴奋地跑去找小老师。可恰恰此时，上课的铃声响了。等到第三节下课时，他失落地跑来告诉我，小老师一放学就急匆匆地回家了，都来不及叫住他呢！

"那就等明天吧，要不去找其他同学帮助！"我安慰他。

第二天一大早，他眉开眼笑，双手捧着那张"说明书"，小心翼翼地递给我。我一看，句子和标点都没问题了，但又发现了一个错字。我说："你把这里面的一个错字改过来才行！"

他听了，脸上的欣喜没有了，连忙睁大眼睛找了起来，把"说明书"仔仔细细地看了两遍，满脸迷惑地说："老师，好像没有啊！"

"看来，这个错字你是写习惯了，那老师提示一下。"我指指"武侠故事"的"武"字，"你再认真看看！"

他盯着"武"字看了又看，歪起头来想了想，突然咧开嘴，笑嘻嘻地说："原来我多写了一撇。这一撇又小又轻，我差点没看出来。老师，你近视，眼睛怎么还这么尖呢？"说着，他又兴冲冲地跑回教室改去了。

当他第三次把抄得工工整整的"说明书"拿给我时，我轻声地读了一遍："……晨读时，大家都在认真读课文，我却在偷看漫画书《武侠故事》，值日班长提醒了三次，我还是在偷看，她就把书收走了。我错了，我要改正，以后再也不这样了。请老师原谅我，把书还我吧！"

"老师，现在可以拿回书了吗？"他焦急地问。

"马上就可以了，"我笑着答道，"不过……"

“啊，是不是哪里又错了呀？”

“没有，你写得挺好——就是你应该签上名字和日期。”

“原来这样！”他松了口气，“老师，今天是几号呢？”

“2007年12月7日。”

他终于圆满地完成了“说明书”，很开心地从我手中接过了书……

三

只过了三天，他故态重萌，漫画书再次被值日班长收了。这次，他提早过来找我了。我没说什么，而是把他的那张“说明书”拿出来让他读一遍。他显得有些不好意思，断断续续地读完后说：“老师，这本书很好看，我忍不住又犯错了，我说话不算数，你处罚我吧！”从他的表情和言语中，可以体会到他这次对待“问题”的主动性。虽然他对自己的“错”显得有些心不在焉，但毕竟还是孩子，我们不应该用成人的目光和标准，去衡量与评价一个才读小学的孩子的品行。

我平静地问：“你说怎么处罚？”

“再罚我写一份‘说明书’，字数要比上次多些！”

我摇头。要是这样，写“说明书”就成游戏了。

“罚我抄读课文，多读几篇，多抄几遍！”

我又摇头。我清楚这样的处罚是“药不对症”。

“老师，那我想不出来了……”他斜瞅着天花板，好像在猜测我的心思，突然恍然大悟地问：“我知道了，是不是要告诉我爸妈呀？”

我还是摇头。他显得既迷惑又好奇。

我揭了谜底："你的书只能先存放在我这儿一个星期了。下星期的今天你来拿，你可以走了。"

"啊，老师，不行呀，书是向别人借的，几天后就要还的。"他又信誓旦旦地发誓，"你再原谅我一次吧，就这一次，我保证再也不在晨读时看了。"

我态度坚决地说："是不是借的，那是你的事，你自己应该负责对人家解释。正是为了考验你的毅力，老师才替你先保管一个星期，如果连一个星期都忍耐不了，那你的保证再好听、再感动人，也是空话！"

他见我的表情不容分说，知道请求也是无济于事，便改变了口气："好，那我们就一言为定！"

一个星期总算过去了，那天他一到校就迫不及待地来见我。在还他书之前，我强调说："要是再次被收，老师就得替你保管至少一个月了，也可能要到学期结束再还给你。不过，你放心，老师是不收保管费的！"

他笑着伸伸舌头说："越来越久啊，我才不会再因小失大呢！"

正是有了这一波三折的切身经历，他的确很长时间没再犯同样的"错"。我想，即便他再犯又有何妨？我的这种"处罚"，具有随时加大力度的后继性，而非只是为了一时的"处罚"而"处罚"，况且，我也喜欢体验"处罚"之外师生间的种种交流。这对处理其他学生的类似事件，也是事半功倍的。

后记

当前挺流行这么一句话："没有处罚的教育，是不完整的教育，更是难以成功的教育。"是的，处罚，也是师生沟通的另一种桥梁，假使没有心与心的"沟通"，假使没有设身处地地换位思考，处罚极容易演化成教师情绪的某种发泄，甚至是"报复"，而又被实施者披上所谓"为了学生"的美丽外衣，这不但是隔靴搔痒，于事无补，更是在伤害师生双方的身心健康。说得严重点，犹如饮鸩止渴。所以，问题不在于教育要不要"处罚"，而在于教师能否把握"处罚"的效果，能否让结果朝有利于学生成长的方向发展。实质上，有效的"处罚"本身就是一种成功的"教育"，不存在"要"或"不要"的口舌之辩，无非是教育的方法不同而已。回首上述这个教育案例，大家或许可以看出，我在与这个学生的"较量"过程中，是将"处罚"融入教育的"细节"与"沟通"之中，一步步，不急不躁，就事论事，做到有理有节、有情有义。因此，从结果来看，给学生的感觉，"处罚"不再是教师的声色俱厉、忍无可忍，乃至歇斯底里，而是师生之间自然而然的另一种亲近，如同风吹草动，雨过天晴。

相信学生，他能读懂！

老师，我要吃饭

那次，在灵溪三小听张祖庆老师的课《我盼春天的荠菜》，我深受感动！课文被张老师演绎得情意绵绵，充满了人性的关怀，那一个个教学片断竟是如此地触动心灵。无论是教学设计、课堂节奏的控制，还是张老师的个人修养，都让我耳目一新、叹为观止。可以这样说，从教以来，在听过的所有课中，这是一节让我难忘的课，那一幕幕场景至今还让我沉浸在一种难以言状的享受之中。

回来后，我把张老师发给每个听课老师的补充材料《走过人生的冬天》念给学生听，虽然我的朗读不能和张老师相提并论，但学生都被主人公张洁那不屈不挠的精神和她们母女之间的拳拳真情深深地感动了。这就是一篇好文章的魅力！

然后，我就和学生一起回忆五年级时学过的那篇《我盼春天的荠菜》。聊着聊着，我提了个问题：

“你们饿过肚子吗？”

全班53位学生，只有五六位说饿过一两次。

我让这几位学生谈谈感受。他们说，就是肚子有些难受，空空的，没力气。

我说，是这样的，老师也体会过这样的感觉。

接着，我故意出了一个难题考考学生，举手的寥寥无几。我突然说："没举手的，中午留下来陪我饿肚子！"

坐在第一排的叶宗钏笑嘻嘻地说："老师肯定是故意这样说，不是真的。"

"我可是说话算数的！"我严肃地补充了一句。

听我这么一说，立刻有一半多的学生举起了手，还有个别的在犹豫着，举起又放下，看看别人，放下又举起。我知道这个别的是在左右为难：举吧，可是回答不来；不举吧，又怕万一真的被留下来。

见此情景，我马上从叶宗钏那里拿了一支笔，从第一组开始，记下没有举手的学生的名字。

这一下，有些学生又举起了手，还有的呢，依然如故……

等到第三节下课（10点45分），我已经在教室门口等着了。当其他学生兴高采烈地去吃饭时，我把那些被记了名字的学生留了下来。

看得出来，他们有迷惑不解的，有愤愤不平的，有唉声叹气的，有随遇而安的，有好奇等待的——他们一个个都看着我，看着我接下来又会怎么做。

我说："从现在开始，每个人拿出一张纸，写100字以上的话，围绕'我要吃饭'这个理由写，写好了马上给老师看，老师觉得可以了就去吃饭，如果不行，还要重写。注意了，一定要认真对待哦，不然，可要陪着老师一直饿肚子了。"

话音刚落，他们立刻动起手来。我便坐在前排的一个位置上，静静地看着他们写。

大概过了五分钟，许益峰第一个把写好的纸张拿给我过目。我一看字迹潦草，就说，不行，你得重新抄。他垂头丧气地回到座位。

又过了两三分钟，王希希来交稿了。她这样写道：

我要吃饭的理由：1.我肚子很饿，如果不吃饭会得胃病的，得了胃病要打针，打针很痛的，我怕痛。2.我还有数学作业没写，如果没吃饭，就没力气写，就会被数学老师批评。3.我还得去看我弟弟吃了没有，吃饱了没有。4.我好朋友还等着我去买饭呢，如果饭卖完了，那我还得饿肚子。饭没吃，我还会被我妈妈骂的。老师，您担当得起吗？

我向她点点头："可以了，你快去吃饭吧！"

她高兴地跳了起来，一溜烟跑出了教室。

接着是李洁的：

我要吃饭，因为我肚子很饿。为了吃饭，我只能在这里写这篇《我要吃饭》。大家都知道，饭是人类最需要的，没有饭，就意味着有人会失去生命，我就是其中一个。为什么我会这样可怜？是不是就因为我不举手的原因？如果考试可以任意写一篇作文的话，我肯定要写《老师，我要吃饭！》——老师，我要吃饭！

我拍拍李洁的肩膀说："你的任务完成了，现在就让你吃饭，快走！"

"哦，我可以吃饭啦——"他喊了起来，冲着其他同学做了个鬼脸就跑了。

第三个交稿的是黄陈陈。她写得蛮长的：

我肚子非常饿，因为早上我吃得少。就算我们没有举手，也不能不让我们回家吃饭吧！别的班的老师可不会这样，他们的学生没有举手发言，老师也没有把他们留下来啊，拜托您了，老师，让我回家吃饭吧！我都没力气了。我要是没回家吃饭，家里人会担心我的，还会骂我的，而且下午我也没力气上课了。上课时就会靠在桌子上睡觉，肚子也会很疼的。再说，您陪着我们，您也没法吃饭，我们不都饿肚子吗？您如果让我们回去吃饭，您也可以回去吃饭了。快让我回家吃饭吧，肚子都咕咕叫了，看着别人在吃饭，我感觉肚子更加饿了！再迟些的话，我要人抬着回家啦！

“老师再坚持片刻，”我向黄陈陈微笑着，“你先走吧！”

她愣了一下，但顷刻间一种努力后收获的喜悦涌上了脸庞，她也朝我微笑着，高兴地走了。

这时，许益峰也抄好了：

老师，我想吃饭啊，要是不吃饭，就会饿肚子，饿肚子就会变瘦，变瘦了，身体就不健康。我每天都要吃饭，只要一天没吃饭，我就会发疯。老师，求求您，放我出去。我想吃饭，只有吃饱了饭才有力气读书啊！我唯一的愿望，就是吃饭。老师，放我出去吧，要是不吃饭我会死的！我死了，您就要坐牢的！

“看你说得这么可怜，求什么啊，你的任务完成得很好呢，老师没理由不让你走，老师也不想坐牢……”我做了个“请”的动作，许益峰乐了，说了声谢谢老师，三步并作两步地回家去了。

在接下来的时间里，其他学生也一个接一个地把写好的纸张一一交到了我手里：

杨媛媛：我肚子饿，如果您不让我回家吃饭，我就会变成竹竿。我想吃饭，难道您就那么绝情不让您的学生填饱肚子吗？那您也得陪着我们一起饿肚子了，看您下午怎么上课！老师啊，您看到他们吃饭，难道您就不想吗？难道您不嘴馋吗？老师，您看我的好朋友王希希都通过了，她高兴地跟许思思一起吃饭去了，让我好羡慕哦！老师，我肚子很饿啊，拜托了！

杨义横：因为我早饭吃得太少了，早在第二节课我的肚子就叫起来了。现在，我看见李展的牛奶和饭，我的眼睛一直发光发亮，好像变成宝石了。老师，我要吃饭，因为这些饭菜是多么香啊，我真想一口把它们全吃掉，永远不消化掉，这样就再也不会饿肚子了！

我要吃饭，我要吃饭，我饿啊……

易小芝：我要吃饭，首先是因为我的妹妹，我没有去买饭，说不定妹妹也没去买呢。要是我没有吃，肚子饿，又上不了课了，其他老师如果问我怎么了，我就说您不让我吃，折磨我哦！

老师，您让我回家吃饭吧，假如我有个三长两短，我看您怎么办？

老师，我只剩一句话：您让我回家吃饭吧，如果晚了，我就没得吃了啊！

易冰冰：因为我弟弟在等我！因为我饿了就会难受！因为去买饭太晚了就没饭了！因为吃完饭，我还要上街买笔！因为我的数学作业和作文还没写好！因为我怕您等我们把肚子饿扁了！因为中午做完作业我还要玩24点！因为我不想留在这里饿肚子变得傻傻的！因为我不想没力气听下午的课！因为我不愿意看到您也没力气上课！——如果您真是这样，就会害人害己！

……

我快速地浏览了一下，都写得不错，就让他们去吃饭了。这时，时间已过了15分钟，只剩下李舒一个人了。他平时一说写作文就咬笔头，到现在还没写好，这在我意料之中。我不会让他磨蹭超过20分钟的，即便没写好。

我走近他问："饿吗？"

他沮丧地点点头。

"老师也饿了，也很想吃饭呢！怎么办？"

他迟疑着答道："可是我只写了几十个字，可以吗？"

"不可以！要求是不能少于100字的！"我肯定地说，他失望地苦着脸。

"不过，"我低下头悄悄地告诉他，"你可以先拿回去，吃了饭继续写，下午交给我！"

他一下子就高兴了，也轻声地说："谢谢老师！"

就这样，我一手操作的这一幕"戏"终于完成了，看看时间：11点10分，中学还没放学呢。我正想去校门口的那家饭店吃碗粉干，一旁已经吃好饭的几个学生争先恐后地非要替我跑腿不可。我自然顺水推舟交代了其中一个，他们却欢天喜地地一拥而去——随后，我就坐在教室里津津有味地吃着那碗加了鸡蛋的粉干，一边吃一边和学生聊着……

第二天，我在课堂上把那些纸张上的话念给学生们听，大家听得很有兴趣，有的还捧腹大笑。我问被留的学生经历了这件事后有什么感受，他们有的说肚子饿了吃饭特别有滋味，有的说这时候吃饭不用菜也能嚼出味道来，有的说要是哪天胃口不好就饿一下自己，还有的说现在特别理解《我盼春天的荠菜》里的“我”为什么嘴那么“馋”了……

最后，我把自己的想法告诉了学生：“其实老师的做法是要受人批评的。不过老师不会把留下来的同学饿久了，老师已做好了打算，最多20分钟。现在，老师感到特别高兴，因为这些同学把当时真实的想法原汁原味地记了下来，这是留给老师的一份特殊礼物。在这里，老师谢谢这些同学。接下来，大家怎么批评老师都可以……”我停止了说话，真诚地望着学生。

“原来这样啊，就是嘛，我当时就想，老师怎么会这样不讲道理呢？”

“被留下来，我有些生气，等到老师说要写《我要吃饭》，我心里就有数了，这对我来说，很简单！”

“一听到写理由，我就知道老师肯定是为了想看看我们的真实想法，所以我也不担心了。”

“老师，我们不会怪您的，再说您也和我们一起饿呢！”

“其实也只是比平时迟了十几分钟吃饭，却让我有了不一样的感受！”

……

学生们七嘴八舌地议论着，脸上的神情丰富多彩。

“谢谢你们的理解和信任！”我说，“从此以后，老师不会再用这个方法让下一届的同学写这个了，因为老师觉得值得珍惜的东西总是在于第一次。或许在你们的眼里，这一次没什么可留恋的，但老师会一直记着，就像记着我们相处一年的酸甜苦辣与欢声笑语……”

是的，我一直记着！现在这届学生都已经毕业了，不知他们还记不记得曾经的“我要吃饭”？

两个“璐璐”

这件事发生在去年，那时，我刚接这个班。

在一节语文课上，我让学生上来做几道练习题。当我脱口而出叫“璐璐”时，教室两边各站起来一个人。这时，我突然想起这个班有两个“璐璐”，一个是“李璐璐”，还有一个是“王璐璐”。她们都犹豫地看着我。我不知怎么了，竟鬼使神差又不假思索地随口说了两句：“为什么不是李璐璐呢？李璐璐你上来做吧！”李璐璐一听，兴高采烈地跑上去做了。王璐璐听了，一脸的失落，慢慢地坐了下去，忽然她把头靠在了桌上……

这时，她的同桌就说：“老师，王璐璐哭了！”大家一听都把目光转向了王璐璐，有的在交头接耳，有的不屑地说：“这么爱哭！”还有的不时地望望她又望望我，等待着我的反应——我不觉一愣，没想到我这不经意的两句话竟深深地刺激了她！我能说她不坚强吗？我能说她经不起挫折与打击吗？我能不理她、不当一回事继续上我的课吗？——不，我做不到！不管怎样，看着王璐璐那伤心的样子，作为老师，我没有理由不去反思我的言行。

我沉默了片刻，就对大家说：“刚才，老师说错了！”刚开始，学生都沉默不语，看着我的表情。过了一会儿，有几个学生就说：“没有啊，老师，您没说错呀！”我一脸的诚意：“不，老师刚才肯定有不对的地方，不然，王璐璐是不会这么伤心的。谁能说说，老师起先哪些地方做得不对了？”

听了我的话，不知不觉就有学生举起了手。我说：“你们直接站起来说吧，不用老师点名了！”

陈礼静首先站了起来，理直气壮地说：“老师不应该只叫‘璐璐’两个字，明明知道我们班有两个璐璐的。假如不知道，那说明对我们班了解得不够。”

梅建松立刻接过话茬：“要是想叫得简洁、亲切，只有‘璐璐’两个字也是可以的，但老师的眼睛应该看着其中的一个‘璐璐’，这样她才知道老师是叫自己的。”

陈丽丽紧接着说：“刚才老师说‘为什么不是李璐璐呢？’这句话会让王璐璐觉得自己被忽视，那她就会想，为什么不是‘王璐璐’呢？她就会感觉老师不喜欢自己的！”

“但也不能都怪老师呀，毕竟老师刚接触我们班还不到一个星期，再说老师也‘知错就改’呢！”薛振翔起身环视着大家慢条斯理地说，“我给老师想个好办法，其实老师可以让两个‘璐璐’都上去，每个人做一道题，或者做同一道题也行呀！”

“对呀！对呀！”

……

我一边听一边不住地点头，真是一群机灵的、很有想法的小鬼！听了他们颇有见地而又有启发的“批评”，说实话，我反而感到一种如释重负的舒畅与惬意。我对大家说：“你们说得都有自己的道理，老师接受这些意见，接受你们的批评！老师也请王璐璐批评……”

我正说着，不知何时，王璐璐已经抬起了头，她擦去了眼角的泪迹，站了起来说："老师，我也有不对，这么小心眼，这么在意这些小事——老师，下道题让我做，行吗？"

看到她的变化，我竟感觉眼角湿湿的，为她，为这些"童言无忌"而又善解人意的孩子，我不禁开心地笑了："当然可以，谢谢你，王璐璐！谢谢大家！老师为大家高兴……"我的话音未落，不知是谁已经带头鼓起了掌。我看见王璐璐露出灿烂的微笑，在掌声中轻快地跑向讲台……

这件事虽然已经过去了，但它却时时提醒着我，让我每当面对学生时，尤其在"不经意间"，我都会注意着自己作为一位老师的言行举止对学生可能产生的影响。同时，它更让我真切地体验到了教师"知错就改"和"自我批评"的魅力。我想，当我们把学生放在与我们平等的位置上时，我们就会更有勇气和信心用一颗平常心去积极主动地做到这点。这样，才能真正地让学生袒露心声。因为，教育，只有用平等才能换来真诚，只有真诚才能促进沟通，才能获得信任与感动！

较量

1

徐小甘这学期刚从某村小转到我班。

开学第一次作业，他就没写。那天中午，我把他叫到了办公室。他一副无所谓的样子站在我的办公桌旁。我拉过一张椅子说："坐下来吧！"

他愣了一下，摇摇头，还是站着。

"能告诉老师作业没写的原因吗？"我问。

过了好一会儿，他都没有回答，我就有些明白了。

我又问："作业没写，你说该怎么办？"

我以为他又会沉默不语，但这次他马上吐出了两个字："打手！"说着，就伸出手掌来。

"这么说，你以前没写作业，都是被老师打手？"

他点了一下头。

"打多少下？"

"开始是10下，后来20下，再后来老师想打几下就打几下，没有数了……"

我一边听着一边拉过他的手掌问："这次打多少下？你自己

说吧！”

他犹豫了片刻，说：“10下。”

“为什么不打20下或者更多？”

“这才是第一次，应该先打10下。”他解释道。接着，他又想了想说：“老师，你说了算。”

“以前老师打了你那么多下，你改变过来了吗？”

他沉默了一会儿说：“没有……”

“哦，既然你没有改变过来，那老师就不打了。等你觉得打了有用时，再告诉老师。”我放开了他的手掌，继续问：“现在老师不打手了，接下来你说该怎么做？”

“罚抄！”他脱口而出。

“怎么罚抄？”

“就是抄课文，有时好几课，有时好几遍。”

“那好，就罚抄吧！现在你就去教室把语文书、本子和笔拿过来！”

他很快就拿了东西回到了办公室，站在原来的地方，俯下身子，把书和本子平摊在我的办公桌上，拿起笔问：“老师，抄哪里？抄几遍？”

“昨晚的作业你还记得吗？”

“记得，是抄第一课第三段一遍。”

“现在还是抄这一段！”我加重了语气，“还是抄一遍！”

他听了，脸上显出迷惑的神情，抓抓头说：“老师，你好像没有处罚我。”

“你说得对，老师没有处罚你。你缺什么，就补什么，把该做的做好，就可以了！数学老师那张桌子空着，你坐那里去。站在这里写字不但累，而且写不好。”我边说边把他的书和本子移到了那张桌上。

过了十几分钟，他把写好的作业拿给我看。

我问：“写得累吗？”

“不累！”他笑了笑。

“以后能按时完成作业吗？”

他点点头……

2

第二天早上，组长告诉我，徐小甘的作业又没写。

我再次把他叫到办公室。

这次，他一进门，就说：“老师，昨晚的作业是我忘记写了……”

“没事，老师叫你来，是让你把作业及时补好就可以了，你先写作业！”我平静地说。

我让他坐在我的位置上写。

第一节上课铃声响了，他还没写好。

“停一停，我们先去上课！”我拍拍他的肩膀。

课后，我让他到办公室继续写。

过了一会儿，他写好了。我问：“下次能记住吗？”

他想了想，说：“能！”

“万一又忘记了呢？”

这次，他没有说“打手”，也没有说“罚抄”，而是说：“补起来！”

我微笑着点点头。

两天过去了，他都按时写好作业。

可是第四天，组长说他又没写。

他一被叫到办公室，还是那句话："老师，我又忘记了！"

不管他说的是否是真的，我仍然先让他补好作业。然后我说："这样吧，我们一起商量商量，你先把自己忘记作业的原因写在纸条上，老师再根据你的原因，想个办法帮助你！"

他这样写道："我放学一回家，或者中午一到校，就想玩一下，但是我玩着玩着，就忘记写作业了。以前都是这样……"

我把纸条念了一遍，说："你喜欢玩，其实老师也喜欢玩，有时也像你一样忘记了该做的事。如果这样，老师就会请同学们或其他老师提醒、监督，马上就能把没做的事补好。你也可以这样。这几次，你在组长和老师的提醒和监督下，也都及时地补好了作业。老师这里还有一个更好的办法，可以让你做得更好！你愿意试试吗？"

他说："可以，老师你说吧。"

我说："老师在黑板的左下角设一个栏目叫'需要提醒的人'，当组长检查你的作业时，发现你忘记写了，就把你的名字写在那里。从那一刻起，你就利用课余时间把作业补好，再让组长检查，组长就把黑板上你的名字擦掉，你的任务就完成了。要是你的作业还没补好，名字还没被组长擦去，不但你自己可以时刻看到，而且全班同学和老师随时都可以提醒你，这样，你就能按时补好作业了。你觉得怎么样？"

他听了点点头……

然后，我把这个意思向全班作了说明，并补充道："这个

‘需要提醒的人’，是我和徐小甘同学共同想出来的，请大家及时提醒他。当然，只要有谁的名字写在这里，大家都可以提醒他……”

从那以后，在那个角上，徐小甘的名字有时会出现，有时没有出现。如果出现了，不多久也就被擦去了……后来，不知什么时候起，他的名字不再出现了。

不久前，我在徐小甘的日记中读到这样的话：“杨老师，我知道你是真的想我好，因为你不打手，也不罚抄，而是想了一些适合我的办法，跟以前的老师不一样。其实在来这个班之前，我不是常忘记写作业，而是不想写。现在，我喜欢让你教，也愿意写你布置的作业。”

教育，有时不妨“闹着玩”

“说过多少遍了，你们怎么又打架？”

“刚讲过不要吵架，一吵再吵还打架，真叫人生气！”

“你说，为什么打他？……那你呢？什么……是不是故意的？再这样，叫你爸妈过来！”

“知道错了吗？唉，你们俩给我好好想想，以后要不要改。”

“哼，屡教不改！都站到墙角去反思！”

……

时常见到一些教师为学生的屡屡吵架、打架而心烦不已，要么苦口婆心地摆事实、讲道理，要么怒火中烧地批评、训斥，要么干脆不理不睬、敷衍了事——其实，小学生之间的磕磕碰碰在所难免，而且吵吵闹闹也是这个年龄阶段成长的自然需要，教师想靠着一两次的讲道理、训斥或处罚以达到一劳永逸是不现实的。何况小孩子往往刚刚还吵得不可开交，甚至哭哭啼啼，转眼间却又缠在一起玩得不亦乐乎。我觉得，在处理这类问题时，教师有时不应该用成人的心态去刨根问底，更没必要刻板地捧着成人眼中所谓的“公平公正”的准则非得把每一次的问题处理得一清二楚不可。如果以为唯有如此才能阻止类似的事情再次发生，不但不切实际，而且是自寻烦恼。反倒不如根据实际情况来个

“反常规”处理，常常会有意想不到的效果。以下两个例子便是我在这方面的尝试：

1

傍晚放学后，我正在办公室批改作业，突然易甜跑来说叶游和吴南要打架了。

“已经打起来了吗？”我问。

“起先吵来吵去……”易甜有些着急，“现在可能打起来了！”

这时又跑来一个学生说：“老师，叶游被吴南压在了身下了……”

“那你俩马上去叫他们暂停，并让他们过来找我。”

过了一会儿，不见动静。我不放心，连忙走出办公室去找他们。刚到楼梯口，我就看见叶游和吴南一前一后慢慢地走过来。一个咬牙切齿，一个竖眉瞪眼，身上都流出汗来，看来刚才正扭打得起劲。我转身回办公室，他们跟了进来。

“打得怎么样啦？有没有输赢？”我一边不动声色地问，一边搬动椅子在办公室中间整理出一块空地。

他们沉默着，等着我的责问和批评。吴南有些哭丧着脸，小嘴紧闭，迷惑地看了我几眼又低下头，叶游一副可怜的样子慢慢地抬头，翘着嘴唇好像要说什么，却没说出来，看着我与往常不一样的行为，他脸上同样笼罩着迷惑。

“这样吧，你们在办公室再打一次，老师当裁判，为你们定个输赢。”说着，我关上了门，让他们在中间的那块空地面对面地站好。我则立于一旁，煞有介事地分别按了按他俩的肩膀，高举一只手臂，做着裁判的动作，“请各自下蹲站好马步，注意……马上就要开始了！”我的举动让他俩恍然大悟又感觉不可思议，但他们不敢吱声，一动不动地站着，低着头，垂着手，后来看我还是一本正经地做着裁判的姿态，想笑又不敢笑，不知不觉彼此的表情就有些缓和了。

“注意了，开打时要遵守以下规则：脑袋不能打，不然脑震荡了；眼睛不能戳，不然成瞎子了；面部不能抓，不然破相了；脖子不能掐，不然断气了；心窝不能掏，不然心跳停止了；两大腿之间的裤裆不能踢，不然疼死了……”他们听着听着，不禁扑哧地笑出声来，我依然一副严肃认真的神情，“总之，要是打了不该打的地方我就喊停……准备好了吗？我喊一二三开始，你们就动手！听清口令不能抢位……”

“一、二、三，开始！”我用力挥了一下手臂，马上后退了几步，在一旁做出认真观望的架势……他们没有动手，倒是一个捂着嘴笑，双肩抖动，另一个笑嘻嘻地咧开了双唇，连身子都摇摆起来。

“你们不比赛了吗？”我问叶游，“现在要不要打呀？”

“老师，你……你今天特有意思……”叶游眯缝着双眼，连忙摇摇头。

“吴南呢？”

“老师，你都可以当演员了，”吴南忍俊不禁地说，“你说的话、做的动作，让我肚子都笑疼了……我也不打了……嘻嘻……”

“真的不打了！那……还有什么要跟老师说的吗？”

吴南抓抓脑袋说：“老师……我们起先争来争去，说谁比谁胖了……都是我急了，一急就冲动了……”

“我也不对，争不过就用手推他……”叶游显得有些不好意思，“其实，也就闹着玩呢，打急了，就翻脸了……”

“哈哈，你们都很清楚嘛，那老师就不多问什么了，”我同时举起他们的手臂宣布，“这次你们都是胜利者，握握手吧！”说着，我把他俩的手按在了一起，他们顺势就拥抱起来……

“好了，你们可以回家了！”我终于笑着说，“出了门就不能再打了，要打的话提早通知我一声！如果没有我这个裁判在场，不但分不出输赢，而且万一打到不该打的地方，那就没人及时给你们报120了……”

“老师，你放心吧！”“你看，我们本来就是好朋友，我们不打了！”他们手牵手、眉开眼笑地出了办公室。

2

下午第三节一下课，陈婕就掉着眼泪跑来告状：“杨老师，陈业捏我耳朵！”

“你去把陈业叫过来。”

过了片刻，两个人就进了办公室。陈业手里还拿着一把扫帚，原来今天他扫地。

我说：“陈婕先说吧，怎么回事呢？”

陈婕擦着眼泪说：“下课时，我和谢宏玩，陈业就过来捏我耳朵。”

陈业接过话茬：“她在玩黑板擦，把粉笔灰抖出来。”

“哦，这样啊……那你有捏她耳朵吗？”

“……有，”陈业声音小了下去，“我只是轻轻地……”

我想了想，问陈婕：“下课后你别玩黑板擦，马上回家，可以吗？”

陈婕默默地点了点头，“可是，老师……我的耳朵被他捏得很疼……我，我……呜呜……”

我故做思考状，停了一会儿，说：“陈业，你看陈婕眼泪掉了这么多，你就让她把耳朵捏回去吧！”

话音刚落，陈业不觉一怔，陈婕却顿时高兴起来，眼泪也一下子止住了，她连忙靠上前去，伸手捏住陈业的耳廓，但又犹犹豫豫的，似乎在考虑着该怎么用力、用多大的力，于是，动作就停顿在那儿了。倒是陈业像在等着掏耳朵似的，侧着脑袋，眯起眼睛，一副很享受的样子。看来陈婕是第一次捏别人的耳朵，实在没什么经验，反而有些慌张，似拉非拉地只轻轻地转了半圈就急忙放开了手，蜻蜓点水般显得意犹未尽，却又不敢再动手了。她心不甘情不愿地看着我，脸上依然显露着委屈的神情。

我故意问陈业：“疼吗？”

陈业有些自豪地微笑着答道：“不疼！”语气轻轻松松，好像在说：老师，捏耳朵小意思，你看我配合得不错吧。

“不疼？真好……那陈婕再捏一次！”我慢条斯理地说。

“啊……又要捏呀？”陈业挠挠脖子露出惊讶的表情。

这次，陈婕加重了力气，放慢了速度，延长了时间，而且超过了半圈。陈业随着她的动作，夸张地皱着眉头，紧闭眼睛，歪起嘴巴，耸动肩膀，“噢……噢……”地发出被捏疼的声音来。陈婕笑逐颜开，心满意足地放开了耳朵。

“哈哈，陈婕捏得有进步，效果不错。”我也笑了，“陈业配合得更加好了。你们任务完成了，走吧！”

陈业快步跑出门，又转身笑嘻嘻地朝陈婕喊着：“嘿嘿，一点儿都不疼！嘿嘿，一点儿都不疼……”

“那好，老师帮陈婕再捏你一次。”我说着要去拉住陈业，陈业慌忙撒腿就跑，一边跑一边还不忘大声地回应着：“我……我还要扫地呢！再见，拜拜……”

“喂，你别跑呀——”陈婕也开心地喊起来，望着陈业跑远了，此时的她心情舒畅地对我说：“谢谢老师，我要回家了，老师再见！”

有时候，我就这样相机行事地和学生一起“闹着玩”，我称这是“卡通版”的教育方式。或许有值得推敲和质疑的地方，但我会不断地进行尝试和调整，以求恰如其分地让自己与学生融为一体，让“教育”少些枯燥乏味的说教和忧心沉重的压制，多些让小孩子心领神会的童言童语和乐于接受的情趣。

老师，您怎么没改呢

教育部曾明文规定小学不再期中考试，但因某种原因，本地还是进行了统考，这次要求教师自行改卷，于是便有了此文。

——题记

星期一，我一到校，就有学生来问期中考试的成绩。我说还没改呢，他们一下子愣住了。林静好奇地问："杨老师，您从来都是及时完成任务的，这次怎么没改呢？"我朝她笑了笑，没有回答……

上课了，我把试卷带到了班级，此时大家都已知道我没改，有的疑惑不解，有的露出失落埋怨的神情，有的用观望的心态等着我的"解释"。

我平静地说："大家对老师没有按时改好试卷有想法，但现在我们不讨论这个，而是先想想怎样在早上的这两节语文课里把试卷给改了。我已经考虑了一个办法，看哪些同学和我不谋而合。"

过了片刻，好几个学生举起了手。丽丽说："要想两节课改好试卷，我觉得只有一种方法效率最高，那就是每个同学都动手改一份！"振翔补充道："可以同桌对改，也可以前后桌或组和组交换改……”其他几个学生听了也表示赞同。

我向他们竖起了大拇指：“不错，每位同学改一份正是我所想的。老师再加一个要求：每个人改自己的那份试卷。不过，把难度比较大的作文留给老师改。”

此话一出，大家都感到意外，因为在我接此班之前，他们从没经历过这样的事，从一些学生复杂的表情中可以看出他们有话想说。还没等他们举手，我就说：“我们先把试卷改好了，然后，大家对老师今天的做法有看法的，可以写成话题，明天的语文课交流讨论。表扬和批评，老师都欢迎，哪怕对老师进行‘批斗’！”

接下来，我对试卷评改的方法和步骤作了一番交代，便开始了师生间的互动，一道题一道题有条不紊地进行下去……

第二天的语文课上，我把讨论话题定为《我对“自己改考卷”的看法》，学生的观点或褒或贬，着实让我刮目相看，即便偏激、幼稚，我都用“心”倾听：

陈礼静：“自己改试卷很不错，可以锻炼分析评价能力，很多同学从来没有改过，也没有机会尝试。另外，老师也轻松些，我们又可以随时知道自己的得分情况，真是一举四得。”

李扬扬：“我感觉不大好，因为有些同学可能不诚实，错了也会打成对的。如果我分数考高了，有些人可能又会说我改得不严，对自己偏心。同时，我觉得老师有些偷懒。不过，让自己改试卷这个主意很新颖，其他班都没有尝试过！当然，凡事都是有好有不好，像人一样。”

叶威：“我的看法有三：一是老师想给我们锻炼的机会，让我们有更多的经历和体会。二是老师想考验大家是否诚实。诚实的会实事求是，对就对，错就错；而不诚实的就会乘人不注意，把错的地方改过来，然后给自己加分，向同学炫耀或给父母看，让他们夸奖自己。三是老师也有些偷懒，不想改很多试卷，正好有借口让同学们改。”

陈宇娴：“刚才礼静、扬扬、叶威都提到了一点，那就是有些同学可能不诚实，这是自己改试卷的不好之处，但我认为这也只是少数人的做法。都给老师改也不大好，老师把全班同学一个个改过来，每次都那样子，要是次数一多还不累死？而我们个个却无所事事的！所以，我觉得还是让老师轮流抽几个同学和他一起在办公室改比较好。”

青青：“有好有坏，好处是老师轻松些，能有时间去做其他更好的事，而我们也有事做。这是我第一次改试卷，所以特别开心，也很认真。坏处还是有些同学会浑水摸鱼，错了少扣几分或不扣。不过这种不诚实的行为最终会害了自己，到毕业考试就难免挂‘红灯’了。”

陈小娜：“要是都老师改，那么多份，老师会累、会烦的，也容易出错，我们只改一份，又是自己的，就会认真对待，而且时间也充足，老师和我们都轻松。”

谢芳芳：“老师的想法挺不错！只是大家改好后，老师要把试卷收上去再检查一下，看哪些同学不诚实，是为了分数弄虚作假的。下次再让我们改时，效果就更好了。”

廖伟伟：“这件事可以试探每个人贪不贪心，如果贪心，就会作假。当然，减轻老师的负担，使他不会太累，那是肯定的。”

蔡万焕：“我想，老师让我们自己改，主要是让我们自觉，如果不自觉，那就白费了老师的良苦用心了。”

振翔："虽然有不好的地方，但也正是这样，才更能锻炼每个人的诚实度，这是有意义的。"

蔡福定："问题还是在于有些同学对自己不严格，总觉得自己的答案就是好的、对的，改得就松了。还有，对那些死板的题目比较好改，该怎么样就怎么样，但对那些需要用自己的话来答的题目，就难以评分了。不过，我还是比较喜欢有时候自己来改，这样做也是一种学习，能使我们参与其中。我有个建议，就是把那些简单的题给我们改，有难度的题给老师改，这样就两全其美了。"

学生们一个个侃侃而谈，或长或短，都让我听得津津有味……当我听了梅建松的话时，我更是满意地点着头，高兴地向她示意——她说：

"老师这样做既是锻炼我们的能力，又是考验我们的自觉和诚信！说实话，大家都希望自己有一个好成绩，能得到老师、爸妈、同学的表扬。我在改的过程中，也许也对自己不大严格，但我想，像我这样的应该不是只有一个吧？不过，这也很正常，只要不把错的打成对的，在有争议的答案上适当地鼓励自己也是可以理解的啊！再说了，这些考试的分数往往是一时的表面标准，真正的学习能力和成绩是掌握在自己坚持不懈的努力之中，要想真的学到东西，到关键时刻能考出好成绩，这要靠平时的付出呀！不劳而获和临时抱佛脚想考高分是不可能的。我说了这么多，就是希望大家不要对暂时的东西斤斤计较，不要太在意分数。分数有时虽然重要，但更重要的是透过分数，你找到自己的不足了吗？你尽力了吗？我觉得，永远不变的成绩是不存在的，今天胜利的人并不代表明天也能胜利，真正的成绩会随着自己的努力或不努力而改变的，它是不会固定的，千万要记住啊，同学们！”

……

这节课在我眼里，“上”得真是精彩，学生就是课堂真正的“主人”！下课时，我很开心地对他们说：“这次老师没改试卷，就是为了听听大家的这些话，谢谢大家给我的意见，老师也学到了很多！现在，老师也要完成一个任务，就是把这件事和大家的想法记下来，写成一篇文章，作为纪念……”学生们听了恍然大悟，顷刻间兴奋地鼓起掌来……

当我没法抵制期中考试时，我所能做的就是衍生它的意义。

一张粉红色的纸

这是一年级（2）班的一节美术课。

学生正在津津有味地画画。突然，第二组的一个女生A紧皱眉头，用手指着前桌的女生B生气地说："杨老师，她把我本子里的彩色纸撕去了一张不还给我。中午，她趁我不在，从我抽屉里偷偷拿走的。"说着，她扬了扬手中的那个本子。本子只有香烟盒那么大，很精致，纸张有好几种不同的底色。

女生B显得有些不好意思，立刻反驳说："我没拿！"

"你有拿，我的同桌也看见了。"女生A更加生气。

她的同桌马上搭话了："杨老师，中午我在教室里吃饭，看见她拿了。她说没拿，她骗人！"

"不能骗人！"第一组的一个男生郑重其事地说，"我们的李老师说要做个诚实的孩子！"

"骗人就变成'小偷'了！"后面又有一个男生也认真地喊出来。

女生B涨红着脸，沉默了。

一个手臂上戴着"中队委"牌子的女生接着说："爸爸妈妈说，没有得到允许，不能拿别人的东西，这样才不会被人瞧不起！"

女生B听了，犹豫了片刻，便低头用手在抽屉里动了几下，做出认真找的样子，自言自语又像对大家说："没有！你看，就是没有！”然后抬头望了望我，马上又低垂着头说：“老师，我这里没有……”

可以看出，刚才这几个学生自发性的“道德判断”，让女生B感到难堪和失落。我知道，假如她真的有拿，她也不会主动交出来，而是想尽办法地遮掩了。因为，对有些“犯错”的小孩子来说，常常是越对他进行否定的道德评价，就越是让他难以承认和改正错误，特别是当孩子觉得这个道德评价很得人心、众口一词，尤其是来自孩童时期的“权威者”——老师和爸妈之口时，反倒更是在无形中强化了孩子对抗到底的心理。而且，当否定的道德评价越强烈，孩子就越会认为一旦承认自己真的错了，那“问题”就越发严重了。于是，就想方设法地否认、辩解、隐瞒，以避免陷入被孤立、被歧视、被另眼看待的境地。

我本应该当场肯定和赏识这几个学生的鲜明“态度”，但我的理智和情感都在提示我不能按这个思路去做。虽然他们说的话的确值得表扬，只是现在急需得到“关注”的是女生B，无论是考虑到她的心理承受能力，还是为了尽量把事情处理妥善，我都有责任改变自己的说话方式。想到这里，我对大家说：

“A同学本子里的纸真的很漂亮，老师也很喜欢！B同学如果有拿去，可能是一时忘记放哪儿了，等一下要是找到了，就可以还给她。老师相信，B同学只是喜欢这样的纸，要是中午老师也和她在一起的话，可能也会不等A同学回来，就急着撕一张作为留念了。真的，老师也很喜欢啊！”

女生B听了我的话，又低头在抽屉里翻着书包，停了停，她突然快速地从里面抽出了一张粉红色的纸，高兴地说：“杨老师，你看，我找到了！”一边说一边把纸举了起来，眯着小眼睛望着我。

我微笑着向她竖了竖大拇指。她马上转身把纸拿给了女生A：“还给你。”

我试探性地问女生A：“她这么喜欢你的彩色纸，送一张给她，行吗？”

女生A想了想，又把那张纸递给了女生B：“送给你！”

女生B愣了愣，开心地接了过来说：“谢谢你！”

女生A也笑了，看了看我，随手从本子里撕了一张递给我：“杨老师，你也喜欢，这张给你！”……

这件小事让我想起了周国平先生的自传《岁月与性情》中的那篇《乖孩子的劣迹》。他说自己小时候是个乖孩子，但也做了一些错事。一次因为嫉妒，偷偷地把姐姐的金鱼放进开水里烫死了，还两次偷过同学的东西。周先生在文章的结尾说了一段让我震动和深思的话：“现在我交代自己童年时的这些‘罪行’，并不是要忏悔。我不认为这些‘罪行’具有道德含义。我是在分析童年的我的内在状态。作为一个内向的孩子，我的发展存在着各种不同的可能性。如果一个孩子足够天真，他做坏事的心情是很单纯的，兴奋点无可救药地聚焦在那件事上，心情当然紧张，但没有罪恶感。”

是的，孩子做了某些“错事”本是无心的，但在日常生活和教育中，总会有家长和老师时不时地把这种“无心”赋予道德的含义，进行“成人化”的道德评价与所谓的思想评定，从而使孩子诚惶诚恐，产生罪恶感，难免出现或自我攻击或攻击他人或自暴自弃破罐破摔的现象。周先生还说：“我庆幸我的偶尔不轨未被发现，否则几乎必然会遭到某种打击和屈辱，给我的成长造成阴影。这就好像一个偶尔犯梦游症的人，本来他的病完全可以自愈，可是如果叫醒他就会发生严重的后果。”

这不能不让我们为师为父母者警醒。回头想想，在每个大人接触的孩子们中，类似女生B这样的言行或多或少也是有的，但我们实在应当考虑到，小孩子即便有“说谎”、“偷窃”的行为，也是和我们成人的观念不尽相同的。女生A和B最后在愉悦中和好如初正说明了这点。其实，就算孩子不可避免地出现了上述“罪行”，我们要做的，不应该是急着去进行道德评价和判定，而是用爱心和宽容去关照，用潜移默化的言行去引导。

要知道，如果你认为自己是在教育孩子，那么教育的真正任务和目的，不是评判，而是唤醒，更是善的传递、爱的共鸣。

她来我班听课……

星期一早上，教务主任对我说，平阳师范（已并入温师院）的一个学生要在我们学校进行为期一周的见习，要听好几节课，已经安排了一些老师上课，星期三下午，你也为她上一节吧！

我欣然答应。一则我也是毕业于平阳师范，看见她挺开心的，毕竟是校友啊，有些老乡见老乡的感觉。二则我也喜欢学生能接触到她，想起当初自己实习时，那些小学生的高兴劲儿，我就觉得这是带给学生不同体验的好机会。只是我没有像其他老师那样，事先通知学生做好预习的准备。

到了那节课，当铃声响起时，这位师范生已早早地坐在了教室的后排。突然间多了一个人，还是一个学生模样的“老师”，这和往常听课时至少有几位老师大不相同，学生们很好奇，时不时地转过头去打量着她，有的还在窃窃私语着……

上课了。我说：“这节课我们来上……”我停了一下，看看大家，又看看师范生，随即话锋一转：“老师发现，有些同学的注意力还集中在后面的那位陌生的老师身上，这说明大家对她感兴趣，那我们就用热烈的掌声欢迎这位客人为我们作一下自我介绍吧！当然，大家也可以利用这个机会提提自己想问的问题，采访采访她，说不定会有意外的收获呢！”

学生听了立刻兴奋地鼓起掌来……

这突如其来的情景出乎师范生的意料。她不觉愣了一下，犹豫地看了看我，我会心地笑着向她示意，她红润着脸蛋，紧接着就微笑着快步走上讲台：

“小朋友们，大家好！我叫蔡娟娟，是一个正在读三年级的师范生，也就是将来的老师。今天，我到你们班听课，你们的热情和好客让我感动，我感到非常高兴！要是你们有什么问题想问我，我一定尽力为大家解答！”说着，她转身把名字端端正正地写在了黑板上。

在接下来的时间里，就好像新闻发布会一般，好多学生向蔡娟娟提出了自己感兴趣的问题，有的问她小时候读书怎么样？有没有当班干部？学习辛苦吗？有和同学吵架吗？被老师批评过吗？对考试和分数是怎么看待的？有的问她最喜欢老师什么，最不喜欢老师什么？为什么要当老师？还有的问她，如果现在您来教我们班，您有什么打算？要是有同学不认真，总出问题，您会怎么办？您对我们的杨老师有什么看法……学生问得津津有味，蔡娟娟答得专心投入，特别是她讲到自己小学时的学习和生活的情景，好像就发生在学生的身边，学生听得更是兴致盎然。而我呢，本来是站在讲桌旁的，听着听着便悄悄地退到了教室后面，坐在了蔡娟娟起先坐的那张椅子上做起了笔记。

不知不觉过了二十多分钟，蔡娟娟答着答着向学生做了个调皮的表情：“刚才是你们提问，老师答得很开心，谢谢你们对老师的信任和喜欢！其实老师心里也有很多问题想问你们呢！现在也应该轮到我向你们提问了，这样才公平，你们可要像我一样认真回答哦！”听了她的话，班级里更是小手林立，大家都盼着被她叫到，个个觉得能回答新老师的问题是很自豪的事……就这样，师生间的问答声此起彼伏，整个教室充满了快乐的气氛，欢声笑语如同蓝天下的鸽子自由飞翔……

时间过得真快，转眼间就要下课了，学生还依依不舍的。蔡娟娟最后说："这个星期五下午，老师就要离开这个学校了，我们可能就很难再这样见面了，老师有一个心愿，不知大家能不能满足老师呢？"

一说到要分别，学生们就有些动情了，全班一瞬间都安静了下来。班长丽丽站了起来说："蔡老师，您说吧，只要能做到的，我们一定尽力去做！"

"那好，老师想给你们布置这节课唯一的一道作业，就是把你们在这堂课上看到的、听到的和自己说的、想的记下来，重点写写自己的感受，明天交给老师，留做纪念……"

第二天中午，蔡娟娟手里拿着一叠学生交上来的昨晚的那份作业，一边认真地看着，一边开心地把精彩的内容一一地读给我听。看着她那自得其乐的神情，我也暗暗高兴，为她，为自己，更为学生。

半个月后，我收到了蔡娟娟的来信，是她写给学生的，信里写了她读了学生那些作文的种种感受。我把信念给学生听，孩子们都沉浸在对那堂课的甜甜回忆之中——在信的末尾，蔡娟娟专门为我写了一段：

"杨老师，很感谢您的那堂意外的课，虽然您什么也没'上'，但是却让我和您的学生体验了很多、收获了很多……"

而我也想对蔡娟娟说——其实，我们都收获了！

教育的另一张面孔

老师，我肚子疼

晨读时，我正在办公室批改作业。突然，林瑜紧皱眉头，捂着肚子，垂头丧气地走了进来，带着哭腔说："老师，我……我肚子疼……"

我忙拉过一张椅子让她坐下，问："哪疼？你用手指给老师看看。"

她指了指上腹部。

"什么时候开始疼的，以前有疼过吗？"

她想了想说："晨读一开始就疼，以前也疼过。"

"那今天早餐吃什么了？"

"一碗白米饭，一个咸鸭蛋。"

"有汤吗？比如菜汤、牛奶之类的。"我追问道。

"没有。"她摇摇头。

我明白了，说："你这是胃不舒服，早餐应该喝些汤之类的，胃需要水分。你吃的白米饭和咸鸭蛋都是干的，胃就缺水了。现在它疼起来，那是在提醒你，它不喜欢只吃干的，而需要稀的搭配。"

她迷惑地望着我，半信半疑。

我倒了一杯温开水给她：“你慢慢喝下去，润一润，看怎么样。”

她点点头，接过杯子喝了起来……

“老师，我喝不下了……”她有些不好意思地说。

“哦，没让你全部喝光呀！”我不禁笑了，“不想喝了就停下，现在肚子好些了吗？”

她放下杯子，歪着脑袋做出感觉的姿态，紧接着脸上就绽开了笑容，惊喜地说：“老师，不疼了，真的不疼了耶！”

“那好，可以回教室读书了吧？”

她点着头蹦跳着跑出了办公室，和刚才来时判若两人，活泼有力的脚步声忽地就传远了……

刚一会儿，她又皱着眉头跑来了：“老师，我喝了开水，现在肚子又有些疼……不是起先那种疼，是胀疼。”

我又让她坐下，安慰说：“这次疼大概是你刚才一次性开水喝多了，又跑得那么快——别紧张，你坐着休息休息，用手掌揉揉肚子，按摩一下！”我边说边在自己的上腹部作了示范。

她也学着做。

过了片刻，她眼睛忽闪着亮光，兴奋地说：“老师，你真厉害，按摩后肚子就慢慢地不胀了，也不疼了。老师，你也可以当医生呀！”

“是吗？那好，老师就当一回临时医生，给你开个药方吧！”

“啊，开药方？”她惊讶地问，“我……我真的要吃药呀？”

“是的，现在老师把药方告诉你，你可要记牢哦！”我故作神秘地说，“这个药方就是——早餐要干的和稀的搭配，可以吃面包、稀饭、面条，喝豆浆、牛奶、蛋汤，但糯米饭、年糕和粉干以及油炸之类难以消化的食物要少吃或不吃。饭后不要马上剧烈运动。这样才可以保护好我们的胃，肚子才不会疼。”

她听了恍然大悟，开心地笑着说：“我明白了，谢谢老师，这个药方我一定记住！”

望着她远去的背影，我突然有了一层感悟，作为班主任的我，在课堂与书本之外感受到了教育的另一张“面孔”。教师不应只在教学上帮助学生，做他们的引路人，同时，也应该在生活上、思想上处处关心学生，师生的心贴近了，教学的效果也就出来了。

还是您说的话，程浩会听

中午，几个学生慌慌张张地跑来告诉我，程浩和同伴追来跑去，一不小心滑倒，额头摔破了……

当我过去时，他竟已坐在了教室的座位上，一脸茫然，用手掌擦着额头的血，十根指头都沾上了，还向地上滴着……我一个箭步跑上前抱起了他，奔到政教处，在值日老师的帮助下用碘酒、药棉止住了血，又抱着他坐上同事开的助动车去了街上的一家外科诊所。

医生清理伤口时，程浩情绪稳定，我也放心了些。程浩家就在诊所附近，联系了他的家人。不一会儿，程浩的爸妈和奶奶都来了。我就把情况向他们作了说明。

本来静静坐着的程浩，一见到家人反倒撇着嘴，眼泪掉了出来。这时，医生说："孩子的脸和手上有四处被沙粒擦伤，涂些药水不碍事，就是额头上这个伤口稍大，要缝几针才行！"

话音刚落，程浩猛地跳了起来，直往外跑，大喊大叫："我不缝，就是不缝，我怕疼！"他妈急忙拉住他的胳膊说："打了麻醉针就不疼啦！不缝会留下疤痕的……"不想，医生又插了一句："脸上这个地方不能用麻醉针，不过也不怎么疼的。"程浩一听这话，整个身子更是使劲地向外倾斜："我不缝，就是不缝！"母子俩拔河一般僵持着。他爸趁势把他抱了起来走向医生，还没等医生靠近，程浩已经两脚乱踹，双手乱舞，摇摆着脑袋，使劲地哭喊着，医生手中的针具差点儿也被他踢掉了。

他爸连哄带骂，都无济于事。急得他奶奶在一旁直念叨着："放下吧，小心伤口又流血了……"见此情景，我也不知道该怎么帮他们才好，只是本能地上前示意程浩爸爸把程浩放下，然后一边蹲下身子，扶着程浩的肩膀，一边安慰他说："程浩，你看看，现在是老师啊，没有你的同意，老师已经不允许医生动手。你先静下来，听老师和你说说话……"程浩听了还是哭闹了片刻，见大人们没了动静，才不再挣扎，哭声也渐渐地小了。

"老师和你说件事。老师小时候有一次骑自行车到县城买书，回来时由于起了风把头上的遮阳帽给吹掉下来，刚好盖住了脸，就在此刻一不小心撞上了路边停放着的一辆大卡车，幸好当时骑得不快，只是下巴被撞裂了一个小口子。医生说要缝，而且也不能用麻醉针，我也害怕会很疼。医生就问我，下巴撞裂了口子很疼吗？我说刚撞破有些疼，现在麻木了，没什么感觉。医生说，那就对了，在麻木的伤口上缝针，是不会再疼了。我就让医生动手，针还没有碰到伤口时，我还是提心吊胆的，等到缝好了，我才真的感受到紧张是多余的，因为真的不疼……"

程浩听着听着，不知不觉竟不哭了，紧张的神情也缓和了。我继续说："你相信老师，因为老师也缝过针，现在让老师陪着你，你就坐在老师的膝盖上，如果真的很疼，老师立刻就叫医生停手，行吗？"

程浩沉默着，既没有答应，也没有反对。我试探性地做着抱起他的动作，他没有抗拒——我就抱起了他，坐在椅子上，让他靠在我的臂弯上。当医生靠近时，他紧闭眼睛，皱起眉头，用手紧紧地抓住我的手臂。我感觉到他的紧张，就用左手握着他的右手，让他真切地感受到老师和他同在。

过了五六分钟，医生高兴地说："好了，没事了！"程浩紧皱的眉头终于舒展开，大家也都舒了口气。他爸从我怀中接过他，感激地说："杨老师，真是谢谢您啊！还是您说的话，程浩会听！"……

在回校的路上，回想此事，我感到欣慰。作为老师，我不愿看到学生出现事故，但是，当某种"麻烦"真的无法避免时，我们做老师的用心对待，用情投入，或多或少总是有利于事情的良性发展、有利于师生双方的。而现在，就要结束这篇文章时，我还想告诉大家的是：当时我对程浩说的是"假话"——我根本没有发生过撞伤下巴那件事，那些话是靠我的想象临时"创造"的。这是我第一次对学生说了假话，但脸不红心不跳。

招数

中午，陈老师打来电话无奈地说："蔡亚怎么会这样啊，下课后不知为何和陈规吵架。陈规妈妈过来接陈规回家吃饭，蔡亚又和她扭在了一起，还把自己的书啊笔啊，连买的饭都扫落在地上了。我劝也劝不住，叫他和陈规到办公室说说事情的经过，他都不听，一直大喊大叫的，怎么办啊？要是方便，麻烦你和蔡亚说说吧，先把他带到办公室里来……"

我说："我只是科任老师，不知道蔡亚会不会听我的话呢，只能试试看了。"……

过了十几分钟，我把蔡亚带到了办公室。事后，陈老师好奇地问："你用了什么招数啊？我是班主任都叫不动他呢！"为了让她更清楚地了解我的"招数"，第二天，我把经过写了出来：

我一到教室，有几个学生就围了过来，急急地喊着："杨老师，蔡亚在哭，他把桌上的东西都拨到地上了……"我做了个安静的手势让他们做自己的事情。蔡亚身边的地上狼藉一片：有菜汤、饭，还有语文书、作业本、展开的铅笔盒，等等，横七竖八地躺着。他坐在歪斜的凳子上，横眉怒目，紧攥拳头，使劲地撇着嘴大叫着，是在骂站在那边窗户旁的陈规和他妈妈。我急忙示意她先把陈规带回家。

他们离开后，蔡亚的情绪渐渐地平静了些，但还在时重时轻地抽噎着。我把地上的东西一一捡起放在桌上，弯下腰靠近他，轻声说：

"蔡亚，老师想了解一下你和陈规吵架的情况，不过，老师想先听听你的说法和意见……”

我的话还没说完，蔡亚就“气急败坏”地喊起来：“陈规踢我……踢我好多下……他妈还来骂我！”……

等他声音小了些，我又轻轻地说：“你这么大声地喊着，好像要和老师吵架，老师有些难受！”

“我更难受呢！”蔡亚又激动地提高了声音：“他踢我……他妈还骂我！”

“老师理解你的难受，换成老师，也会委屈。”我边说，边抚摩着他的头，“所以，老师很想知道你们为何吵架，陈规错在哪里。如果你能到办公室，慢慢地说给老师听，老师就能了解得更清楚。看你难受，老师也不舒服。”

正说着，他姐过来了。她读六年级，是起先陈老师无能为力时，叫人去通知她的。她一看这场面，很惊讶，问蔡亚怎么了。蔡亚一见是姐姐，顿时又大喊大叫，手舞足蹈，把抽屉里以及我刚捡起来的东西一股脑儿地扫落在地。他姐吓了一大跳，急忙去阻止。蔡亚反而更加起劲地跳起来，双手乱舞，紧握拳头，对自己用着力气。

我连忙对他姐说，你先去吃饭，这里让老师来处理。她有些犹豫，见我满脸真诚，就悄悄地走开了。过了一会儿，蔡亚才慢慢地平静下来。我再次把地上的东西捡起放在桌上，然后，坐在他的身边说：“如果你信任老师，不妨和老师一起到办公室说话，可以吗？”他坐着没动。“老师相信，你是受了委屈，不然不会这么难过的。老师一定要听听你的说法，这就需要你的帮助！”他还是没动。“你姐也相信老师，刚才听了老师的话，先去吃饭了。你要是还担心什么，现在就可以向老师提出来！”他仍然没有动，头枕着手臂，靠在桌上。

我静静地等着。过了片刻，我慢慢地伸过手去，轻轻地按了按他的肩膀，作出让他和我一起去办公室的试探。终于，他缓缓地站了起来，我用手扶着他的肩膀，一起走到了办公室……

这就是事情的经过。陈老师看了一遍，又看了一遍，迷惑地说，这也算是“招数”吗？我笑着说，不管是不是“招数”，我觉得能让学生信任的办法，都是好办法吧！

没想到，我伤了学生的自尊

去年期末考，学校安排其他年级段的老师评改我这一年级段的试卷。当试卷全部改好之后，参与评卷的一位老师兴奋地跑过来告诉我，说我班的两个学生作文写得真好，得满分呢。

我听了有些高兴，又有些好奇，到底是哪两个学生呢？我问那位老师，她说名字忘了去记了。我想，大概是平时写得蛮好的那几个当中的两个吧。由于当时比较忙，就没去查看试卷，等到期末的琐事忙完后，却又放假了……到了这个学期开学初，我还记得这件事，就到教务处找来试卷翻看起来，原来是陈黎丽和柳菲菲的作文。这有些出乎我的意料，因为她俩平时的作文水平以我的评价在我班还不是很优秀的，这次又是靠什么获得评卷老师的青睐呢？带着疑惑，我认真地看了一遍她俩的作文，发现作文的确写得不错，特别是立意超出了一般的学生，我推断，应该是这点吸引了评卷老师。但是，凭着我对学生的了解，隐隐间我又感觉到这两篇作文或多或少存在着模仿的痕迹。如果是这样，那得满分只有两种可能：要么是评卷老师没有发觉作文是模仿的（这个可能性比较大），要么在评卷老师的眼里，让模仿的作文得满分也无妨（这个可能性比较小）。我有些担心这两种“可能”都会影响这两个学生以及有此倾向的学生对“模仿”的正确认识，以为所有的评卷老师都是无条件地肯定“模仿”

的，那将成了无声的误导了。出于责任心，在一节语文课上，我在表扬这两个“满分”的同时，也坦诚地谈了我对这件事的看法。当时学生听得挺认真，从他们的表情上我读出了这次谈话的效果。

一个星期后，当我改到陈黎丽的日记时，我的心情却变得沉重了，她这样写道：

开学以来，在我印象最深刻的一节语文课里，我非常开心，也非常伤心。

那节课，老师不知不觉地讲到了去年期末考试的作文题。老师说：“我们班有两位同学的作文得了满分，她们是陈黎丽和柳菲菲……”我听了非常高兴，可老师接着又问：“黎丽，你的作文是不是模仿的？”我听到这句话心都凉了，因为我在考试的时候并没有作弊，只是在考试前几夜看了几本作文书，在写作文时想到内容有些相似，就把它写下来了——忍着心里的难过，我回答是。老师又问柳菲菲同样的问题，柳菲菲的心情和我一样，也答了一句是的。老师听后，又说：“如果这两篇作文是我评改的话，分数就会低一些了，只不过评卷的老师没看过这样的作文，所以给你们高分。”我听了之后，更加伤心，为什么老师要当着同学的面说呢？为什么不找我到办公室说呢？毕竟我也是有自尊的啊！

说实话，假如陈黎丽没有写出这篇日记，我真的一点儿也不知道她竟有这样的难过，而且对当时的情景我也日渐淡忘了——师生双方的感受反差如此之大，不能不让我重新审视自己的言行：我对“模仿”的担心真的有必要吗？非得以这两个学生的作文为例子吗？我为什么不像陈黎丽所说的私下里找她们谈呢？我是否过于看重对优秀作文所谓的“恰当评价”，而忽视了对学生心灵的关照呢？……猛然间，我发觉，其实在潜意识里，自己也是个蛮重视分数的人，虽然重视分数有时也是一种需要，但为此反而“伤”了学生，却是我所不愿面对的，即便有人认为这主要是这两个学生过于敏感、过于脆弱的结果，我还是觉得自己是负有责任的，毕竟我的所作所为给陈黎丽造成精神上的压力已成事实。前事不忘，后事之师，反思的确是一种收获，然而此时此刻最需要做的是怎样去抚慰陈黎丽受伤的心，无论是让她明白我的心意，还是让她变得坚强，我都必须去做些什么。我本想找她谈话，但马上一个念头闯入我的脑海：应该给她留下一份可以反复阅读的文字，以表达我的诚意。于是我提笔在她日记后面写下了这篇评语：

黎丽，很抱歉，老师没想到你会这么伤心，或许你误会了老师的意思，其实“模仿”和“抄袭”是绝对不同的，你可能把老师的意思理解为“抄袭”了。模仿没什么不对，知道吗，老师在几年前曾写过一篇关于作文的文章《仿写，作文的起步》，就是提倡小学生作文不妨从仿写入手。另外，老师也想告诉你，著名作家鲁迅的小说《狂人日记》也是模仿外国的一个作家的某篇小说，但很成功，因为他进行了再创造，加入了自己的东西。

老师说“模仿”分数会低些，其意思是提醒大家不能陷在“模仿”里，当经过一段时间的“模仿”之后，就要进行积极地创造，写出自己的东西。不过，在一些特殊的情况下，适当的模仿也是可行的，比如反反复复地考试，模仿也是一种应急的需要。从另一个角度来看，它也是一个人课外阅读比较广泛的体现。当然，老师相信你平时多记日记，考试时也是可以写出原汁原味的佳作来的。

在这里，老师还是要向你道歉，老师不是故意的，也许是说者无意，听者有心，老师以后注意……现在，老师想，黎丽应该不会一直为此伤心下去的。因为黎丽也是个放得开、敢于表达自己心思的人，何况你也是没做错什么。出色的模仿同样值得欣赏，不是很多人都能在那样有限的时间里模仿出这样文质兼美的作文来的。这需要平时阅读的积累，而你和菲菲都做得不错！不管怎样，你们喜欢阅读，老师就欣赏……

好了，写了这么多，占用了你的本子，但老师还是很高兴看到你的真情实意！盼望着你接受老师的歉意，方便的话，请把这篇评语也给菲菲看看。如果还有什么想法，请在后面给我留言。

杨老师

2006.2.23

虽然我不能保证结果像我希望的那样，但是，这种书面形式的对话本身已在展示着我们师生渴求沟通和理解的愿望。大概又过了一个星期，当我再次翻开黎丽的日记时，我看到了她给我的评语写了“评语”：

老师，我写的这篇日记会使您伤心吗？如果会伤心的话，我愿意向您道歉。老师，我知道您是位好老师，因为从这篇日记的评语中，我看出了坏老师是不会写这些评语的，肯定写一些怨言什么的，但您却写了一些道理、名人的事例和鼓励我的话，老师，我明白您的意思了。我把您的评语给菲菲看了，她又惊讶又羡慕，说老师写得这么长！现在，我们已经不生气，也不伤心了，因为您是好老师，您愿意接受我的道歉吗？谢谢！

黎丽

2006.2.29

黎丽的“评语”让我深感欣慰，为自己的努力，更为她对我的信任。我怀着愉快的心情又给她写了以下留言：

黎丽，看了你的日记，老师不是伤心，而是感到惭愧，你这么信任老师，老师却一不小心让你难堪，即便这样，你还能向老师说出心事，这让老师感动，感动于你的坦率和真诚。如果老师的评语能使你不再为这件事难过，老师就舒心了。其实你已经这样做了，谢谢你和菲菲的理解！

事后，我不知不觉思考着这样一个问题：虽然很少有哪位教师是主动去伤害学生，但是，当伤害在无意间难以避免地出现时，教师的心态和做法将会再一次地影响学生。我们是“将错就错”呢，还是“知错就改”呢？我们是信任学生而坦诚对待呢，还是师生有别而维护所谓的“师道尊严”呢？假如教师是真正热爱学生的，那么，我的体会是——伤了学生，其实也是伤了教师自己；快乐学生，其实也是快乐教师自己！假如对此我们无动于衷，又如何能从学生、从教育上获得真情和乐趣呢？要是我们感觉教书育人枯燥无味，那首先值得反思的应该是我们自己是否枯燥无味了呢？

——很多时候，纯洁无瑕的童心往往比身为大人的教师来得通情达理！

（注：文中学生均为化名）

老师，我无聊

星期六，我正走在温州的某条大街上，突然来了一个陌生电话。

我问："你是谁呢？"

"杨老师，我是林洋洋呀！"电话里传来一个小女孩清脆明亮的声音。

原来是她。今年刚插入我班，相处不久，竟主动打我电话，出乎我的意料。

"洋洋，是你呀，找老师有事吗？"

"老师，我，我……"她断断续续地说，"我觉得……无聊，该怎么办呢？"

我有些惊讶，才四年级的小孩子，就体会到"无聊"了，想起自己的小学时代可从没有过这样的感觉，虽然也时常经历着喜怒哀乐，但可以肯定的是，不知道"无聊"为何物。

我说："你可以找些事情做呀！"

"找什么事情做呢？老师，你能帮我想想吗？"

"比如看电视、看书、出门找朋友玩、帮妈妈做家务、逛街等都可以嘛，最好别长时间待在家里，出门去在阳光下活动，找人玩吧！"

她好像考虑了一下，说："哦，好吧，我这就去找人玩。老师再见！”

星期一早上，洋洋拿了一篇日记给我看，正是记她给我打电话的事，题目是《老师，谢谢您》，大概有一两百个字。我说：“不错，不错，记的是我们俩之间的真事，这值得纪念呢！老师也要谢谢你把它写下来。”她听了很高兴……我本想指导一下，让她改得详细些，但当时有些忙，就没去做这事。

两天后的一节语文课，正好有些空闲，我想起了洋洋的那篇日记，便对大家说：“上个星期六，洋洋给老师打了个电话，她把这件事记在了日记里，而且写得也不错，你们想知道她同我说了些什么吗？”大家听后顿时来了兴趣，纷纷放下手中的事情，我趁热打铁：“那我们欢迎洋洋上讲台给大家念日记吧！”有些学生竟喊着好啊好啊，还有的不禁鼓起掌来。

我突然间的决定让洋洋深感意外，看着大家兴奋期待的样子，她脸上不觉飞过红晕，在犹豫着要不要上去。我暗想，要是她摇头拒绝，我就会取消这个要求。她望着我那鼓励的目光，稍停了一会儿，紧接着迅速地拿出日记本，抿着嘴，微笑中带着些许害羞跑上讲台念了起来：

老师，谢谢您

星期六，我打电话想问杨老师一个问题。电话接通了，我高兴地向老师问好。老师问：“你是谁呢？”我说我是林洋洋。老师又问：“你有什么事吗？”我说有个问题想问您。老师接着问：“什么问题呀？”我告诉他我现在很无聊。老师就说：“可以看电视、看书、做家务、找人玩等，最好出门去活动。”我听了就和四年级（1）班的吴依繁出去玩了。果真出去玩最能打发时间。我要谢谢老师的建议。

没想到这简简单单的一段文字，让很多学生听得兴致盎然，又一次不由自主地鼓掌。

黄娟说："洋洋，你能自己打电话给杨老师，胆子比我大，我欣赏你！"

洋洋开心地说："你也可以打呀，打了以后胆子就会大起来的！你试试就知道了。"

李袁说："要是老师没叫洋洋念这个日记，我还不知道有这事呢，她坐在我身边都没告诉我，真是守口如瓶哦。"

王灿灿说："四年级（1）班的吴依繁我也认识。洋洋，下次也让我和你们一起玩吧！"

洋洋笑着点点头……

我问："谁来说说，洋洋的日记主要讲了什么呢？"

陈林说："她写的是怎么对付'无聊'的事。"

"你说得对！"我接着问，"假如你们也觉得无聊时，会怎么做？"

王良镜说："我就去玩游戏，比如玩《救火队员》，很有意思，我一定要闯通关！玩着玩着就不会无聊了！"

吴世国说："没事做就在家看电视，看动画片，一边看，一边吃东西，很舒服，哪有时间无聊呀？"

杨博说："去玩，找邻居的小孩子玩打仗！我可以当老大！玩累了，肚子就饿了，再去吃饭，津津有味……"

陈兴业说："无聊就睡觉，呼呼大睡，可以做梦呢！"

听了这些同学的话，大家都哈哈大笑起来……

第二天早上，我正坐在办公室前的走廊上，晒着太阳记这篇随笔，洋洋好奇地跑过来，站在旁边看我写什么。我抬头朝她笑了笑说："老师在记你的事情呢。"

"啊……"她脸上露出惊喜的神情，又下意识地抿起嘴巴，忽闪着眼睫毛，朝我的笔记本低下头去想看个究竟。"现在不给你看，"我忙合拢笔记本，"你的那篇日记如果再修改修改，写长些，就更好了。到时，老师的随笔就给你看。"

"怎么修改呢？"她一下子来了兴致，急切地问，"老师，你现在就教教我啊！"

"你可以把打电话之前做了什么，想了什么，为什么会无聊，为什么不看电视，怎么会想到给杨老师打电话，会紧张吗，打的时候感觉怎么样，想了些什么，后来怎么玩，把具体的过程记下来，就精彩了。"

她想了想，点点头说："我明白了，这就去修改。改好了再拿给你看！"

"好的，我等着！"我继续记录着这篇随笔。

过了一个星期，洋洋把修改好了的《老师，谢谢您》拿给我。我仔细地看了，又给她提了些建议。后来还交流过三四次，她修改得一次比一次好，而且也挺喜欢同我这样面对面连续性地接触和沟通。最后定稿时，她把《老师，谢谢您》工工整整地抄在四百格纸上交给我，日记写长了很多，虽然这是经过她一次次不懈地努力达到的，但还是让我为她潜在的可塑性感到欣喜：

老师，谢谢您

星期六中午，我在家里，四年级（1）班的吴依繁来找我。

我们一起弹琴，弹着弹着就感觉不好玩了。我对她说："依繁，我们不要玩琴了，一直弹很枯燥。你除了会弹琴还会做什么呢？"她眨眨眼睛说："让我想想看……"接着，她转着脑袋说："还是看电视吧，这个不用学就会做呀！"于是我们就看电视了，可电视换了好多频道也不好看。后来，我们俩就面对面地坐在地板上，像一休哥那样想着做什么好……

我说："猜谜语怎么样？"

依繁直摇头："没新意！在学校里常常猜，回家还猜呀？就两个人，挺无聊的。"

"画画呢？"

"我不喜欢！"

"那该做什么好呢？"……

这时，有一个想法突然闯入我的脑袋，我兴奋地说："依繁，有了，有了，我们打电话给老师吧！怎么样？"

依繁一听也快活地喊起来："好啊，好啊，这个有意思！"

打给哪个老师呢？我们犹豫了大半天，总感觉有些怕怕的，要是老师不理我们，那多没意思呀！我考虑了一会儿，就有主意了："打给我班的杨老师吧，他和蔼可亲，也喜欢同大家聊天呢！"依繁立刻就同意了："杨老师也教我班的美术呢，有时挺幽默的！"

我连忙到爸爸那儿拿手机。爸爸什么都没问就给了我，我就觉得奇怪，悄悄地对依繁说："今天我爸怎么这么大方，也不问问我拿手机去干什么呢。”依繁笑了：“你呀，真笨哦，这也不知道，你没看见你爸正忙着打牌吗？”

我又到楼上拿了记电话号码的本子，找到杨老师的手机号，一拨就通了，我又紧张又高兴地说：“杨老师，你好！”

老师问：“你是谁呀？”

“我是林洋洋，”我慢慢地镇定起来，“杨老师，我有一个问题想问你。”

老师说：“好啊，你说吧！”

“老师，我，我……”我有些不好意思，说得断断续续的，“我觉得……无聊，该怎么办呢？”

老师说：“可以看电视、看书、做家务、去找人玩等，最好出门和朋友一起去活动。”

我说：“哦，我知道了，老师再见！”老师也和我说再见。

打完电话，虽然只有几分钟，只说了几句话，但是心里特别愉快。依繁在旁边竖着耳朵听，我都忘了让她也说几句。

我们马上出门去了一个地方，这个地方我也不知道叫什么，走走跳跳随便玩了一大圈，我们又去书店，依繁买了一本古诗，我买了一支笔。不知不觉就到了傍晚，我们肚子都饿了，急忙回家吃饭。和朋友出去玩，果真像杨老师说的那样可以打发好多时间，这半天我们再也没感到无聊。

杨老师，谢谢您！

星期五下午放学，我对洋洋说：“你把这篇日记带回家读熟，下星期一读给大家听，好吗？”

“上次我已经读给大家听过了呀！”洋洋有些疑惑。

“它已经成了一篇很不错的文章了！”我很是欣赏地说，“经过你的几次修改，写得很生动！有对话，有想法，你和依繁被你写得很可爱有趣呢！再读给大家听，可以让大家对这篇日记修改前后有个对照，感觉肯定不一样的。”

“好呀，我也愿意再读一遍，这也是我的劳动成果呢！”洋洋动作利索地接过稿子，“老师，双休日我一定好好练，到时候读得有感情一些。”

星期一那节语文课前，洋洋再次朗读《老师，谢谢您》时，竟来了段开场白：“大家好！这篇作文是原来的那篇日记修改过来的，现在再读给大家听，看我改得好不好，请大家听后提提意见。”……

读完后，教室里顿时响起了热烈的掌声，大家都向洋洋投来赞许的目光……

陈林很是惊讶地说：“啊，长了这么多呀！洋洋你改了多久呢？”

洋洋有些得意地说：“改了四五次呢，你看，我是不是很有耐心呀？”

林强说：“写得比原来详细多了，过程很具体。洋洋，你和那个叫依繁的，对话很有意思！”

王良镜说：“你把自己、依繁、杨老师三个人都说了什么、怎么说写出来了，我们听了，好像也在场一样……”

张艳说：“原来日记也能修改成一篇好作文呀，我也要记日记了，可以把一些真事记下来，挺有意思的。”

洋洋把四百格纸朝大家扬了扬：“你们看，杨老师还教我怎么分段呢？这样一段段地排列起来好看吧？还有标点符号，这次也学了好多的用法，像不像我们语文书里的课文呀？”

好多同学睁大眼睛，伸着脖子：“给我看看！给我看看！”洋洋迈着轻快的脚步，一组组地走过去给他们看……

我没再说什么，也无须说什么，而是站在一旁，静静地看着眼前这一幕欢快的场景。我在心里也暗暗高兴，我知道，我和洋洋这持续十几天的事情本身，已经在明确地告诉学生怎么样才能把作文写得详细和生动了……

这应该也算是一次“作文教学”吧，来自生活，链接课堂内外，少了一本正经的所谓作文技巧的说教，多了一些生活化的“水到渠成”的自然生成。

是谁“放弃”了谁

那节语文课，剩下一些时间让学生做作业本。我发现坐在第一排的杨遥没把作业本拿出来，刚想问他怎么了，同桌林鹏抢着说：“老师，他在数学课上做语文作业本，被数学老师收走了……”

我就把杨遥叫到了教室外说：“老师要表扬你，也要批评你！如果你是想抓紧时间做语文作业的，这让老师为你感到高兴。但是，在数学课上做，这就不对了，数学老师当然会生气，换成我也要收你的作业本的。不过，事情已经发生，我们一同想想，没有作业本，接下来怎么办？”

杨遥眼睛看着地面，有些沮丧地说：“我也不知道……”

“你把老师的这本先拿去做吧，下课后，你去数学老师那里认个错，注意以后不要再那样，我想数学老师会还给你的！”我安慰他。

他接过我手中的作业本，也没说什么，默默地走进了教室。

第二天的语文课，当我从杨遥桌边走过时，他抬头小声地对我说：“老师，我……我不敢对数学老师说……”

“那老师让班长李珍陪你去！”我转身对李珍说，“你课后和杨遥一起去数学老师那儿，把杨遥的想法告诉他。”

“好的！”李珍满口答应。

可杨遥脸上依然露出为难的神色：“老师，我还是不敢！”

“老师告诉你一个办法，你把自己要说的话写在纸条上，让李珍带去，怎么样？”

这一下，杨遥总算点头了。

第二天，在走廊上，我小声地问杨遥：“拿到作业本了吗？”

他却低着头掰着手指，没答话。

“是数学老师不还给你吗？”

“不是……”

“哦，那是还没去拿，对不？”

他点了点头。

“为什么不去拿呢？老师借你的那本，老师也要用的。是不是纸条还没写呢？”

他沉默了一下，细声细语地说：“纸条我写了……可是李珍不拿……她让我自己去！”

“如果这样，老师再找李珍谈谈，要是她真的不愿意，我们就另外找一个同学帮助！”

他见我转身就要去找李珍，急急地说：“老师，李珍昨天可能是忙了……中午我再去问问她……”

我明知他说了谎，却没道破：“行，不过你下午最好能完成这个任务——要是又遇到什么困难，还拿不到作业本，那也要及时向我说呀，知道不？”

他又点点头，一副郑重其事的样子。

于是，我就等着他的到来……可是等到下午放学了，也不见杨遥过来“汇报”情况。第三天早上，我又问他，这次他显得有些高兴又有些不好意思地说：“老师，作业本我已经拿回来了，昨天下午急着回家，忘了告诉您了！”

我听了也挺高兴的，虽然这个结果迟迟才出现，但毕竟是杨遥自己参与努力得来的。我摸着他的小脑袋，表扬他：“不错，你成功了！能拿到作业本，这说明数学老师原谅你了，他希望你改正！”

……

等杨遥走后，我悄悄地叫来了李珍，问她相关的情况。李珍说，杨遥的纸条是这样写的：“数学老师：我以后上数学课再也不写语文作业了，请您把语文作业本还给我。”

“他没写上自己的名字和日期，我让他补上了。”李珍补充道。

“你提示得很好，对了，他写错别字了吗？”我好奇地问。

“没有，而且字还写得蛮端正的。”

“嘿，看他平时错别字连篇，这次还蛮用心啊！”

“是啊，我把纸条拿给数学老师时，他有些惊讶，看了就笑了，然后就把杨遥的作业本找给了我。当我把作业本拿给杨遥时，他摸着头也乐了……”

我又问：“对这件事，你有什么想法呢？”

李珍想了想说：“挺有意思的，我还觉得那张纸条杨遥应该自己拿给数学老师，这样才更能显示他的诚意！”

“你说的也是，只是杨遥数学差，跟数学老师有隔阂，怕见数学老师，你帮了他的忙了，让他们俩都高兴了一回，我代他们谢谢你！杨遥能做到这样，我们同样应该鼓励他，你说呢？”

李珍笑着点点头。

后来，我又去接触了一下数学老师。数学老师说：

“这个杨遥啊，数学实在是太差了，根本不行，不但不懂，而且很犟，在课堂上从来不拿笔做题目，那个架势就是‘我就是不做，反正我都做不来，看你怎么样’！我已经没心思理他了……”

听了他的话，我想，对照起来，杨遥算是给我“面子”，听了一点儿我的话了。语文课上，他偶尔还能听听、做做，虽然也时常三心二意，时常要我反复提醒，才赶鸭子上架一般动动手，但是从写纸条给数学老师这件事来看，他或多或少还是信任我、亲近我的。我也理解数学老师的苦衷，我知道，并不是每位老师都能有时间、有精力去积极地影响这类学生，毕竟原因比较复杂。不过，就我个人来说，我是喜欢同像杨遥一样有某些“问题”的学生靠近和沟通，用体验的心态去接触他们，尽力而为地影响他们。我不奢望结果一定要在我的把握之中，但我会重视师生交流的这一过程，细细品味其中的酸甜苦辣。成功也好，不成功也罢，这样做带给师生双方的终究是积极的情绪，这是有益于师生的身心的。尤其在记录这些随笔时，我更是体会到了一种愉悦感！

假如有人问我，这样做不累吗？我可以肯定地说，不累！即便累，也是劳动的累，而非心烦意乱的累。我总觉得，能让各种“问题生”信任和“听话”的教师，他的心是快乐的，每天的工作也是有滋味的！同时，我也在想，就像数学老师那样，即便没心思理杨遥，可杨遥还是坐在他的眼前，还是可以随心所欲或破罐破摔地不听他的，我不敢肯定数学老师这样的“放手”就是舒服的，当时听他的诉说，我明显地感受到他的无可奈何。我又想，就算数学老师不理杨遥了，要是杨遥想“理”数学老师呢？比如故意敲桌子，转头和身边的同学说话，时不时地插嘴，等等，这时，他又该怎么办？要知道，这类学生完全有可能这样做的！教师如果不考虑或不给予他们尊严，他们更可以不要自尊，因为在某种程度上讲，他们大都是“孤援无助”的孩子，极容易走极端啊！再说，不被老师理睬，甚至被讨厌，又听不懂课，其处境难免像坐牢一样，有些更甚之，本能的反抗就会制造一些“问题”来解脱和放松身心的焦虑与压抑。

由此，我认为，无论“问题生”学习多么不好，上课多么“与众不同”，其实教师照样可以宽容他、关注他、亲近他、信任他——或许方法各有不同，但重要的一点就是：教师不要讨厌他、放弃他。

否则，教师所谓的“教育”，就是在伤害自己和教育的主人——学生了。这不能不说是一种悲哀！

而教育的悲哀，总是从教师不正确的观念和心态开始的：当教师开始“放弃”学生时，学生也会学着开始“放弃”教师……

兴趣，在“推荐”中萌芽

这学期教四年级（2）班语文，第一次作文批阅之后，我不定期地利用课前的几分钟为学生朗读挑选出来的作文，我称这是“精品推荐”。学生很感兴趣，每次听得津津有味。

这节课，当我正要读谢星的作文时，我说，这篇文章很短，之所以要推荐，是因为老师挺欣赏其中的一句，现在读给大家听，看哪位同学能听出来：

有一天中午，我和松松、潘宁一起去玉玲家玩，玉玲的妈妈不在家。然后，玉玲叫我们跳绳，我们跳啊跳啊，不多久，玉玲妈妈就回来了，她煮粉干给我们吃。我们吃得很开心，个个都笑着。我观察到了玉玲笑起来两只眼睛都没有睁开。

我刚读完，陈悦就举手了，“老师，我听出来了，是不是最后一句——我观察到了玉玲笑起来两只眼睛都没有睁开？”

“你答对了！能说说理由吗？”

“我就感觉这句有意思！”陈悦用手指比画着，似乎玉玲正在她眼前双眼紧眯地笑着。

林祥说：“因为这句话写出了玉玲笑起来时一个明显的特点——两只眼睛眯着没睁开！”

园园说："谢星观察得蛮仔细！"

"是呀，你们说出了老师想说的。正是这些理由，让老师欣赏谢星写的这句话！"

谢星脸上笼罩着笑意，目光专注，一直很有兴致地倾听着我们的对话。

这时，坐在第一排的叶胜友露出羡慕的神情，情不自禁地插话了："哇，就这一句也'精品推荐'啊！"

我说："是的，只要有精彩的地方，哪怕是一句，也值得老师向大家推荐。胜友，你也可以做到的！"

几天后，我改到了胜友的一篇周记，发现也有值得推荐的地方，便在课前念给大家听：

……我有一个朋友，他又高又大，手也很大，肚子像汤圆，很可爱。他很胖，就像胖猪一样，我很喜欢他。没想到，有一次他来我家玩，竟在我爸爸面前说我在学校骂人、打人，还说我没认真读书。我每次看见他就想骂他，可是他是我的好朋友，而且他仍然找我玩，我想，他在我爸爸面前那样说我可能是无意的，我不能骂他。后来，他没再说，我还是当他是好朋友。

胜友竖着耳朵听，眯起双眼，咧着嘴巴在默默地笑着。我说："'肚子像汤圆'写得不仅形象，而且有新意，这样的比喻有自己的创造，老师是第一次读到！只是，文中有一句话，容易让这个朋友难过，你们说，是哪句呢？"

马上有学生回答："他很胖，就像胖猪一样！"很多学生不禁笑出声来……

“对，这句不妨改一下，”我问胜友，“你现在能想一想吗？”

胜友挠了挠头，侧着脑袋沉思了片刻说：“老师，我改成这样——他很胖，我和他玩时，他的腰我抱都抱不过来。行吗？”

“很不错！同样写胖，用‘猪’来比喻，太平常了。改成‘他的腰我抱都抱不过来’，就更多了自己的体验，这样既不会让他难堪，也很生动。”我一边说，一边把他的这句话记在了周记本上，“另外，这篇文章里还有让老师感动的地方，是哪里呢？”

坐在胜友一旁的王镜抢先报出了我要的答案：

“我知道，我知道，就是文章的结尾部分！”

“请说说你的想法。”

王镜笑着说：“因为胜友能控制自己，一般来说骂人总是不好的。我想，这个朋友那样子说胜友，好像也不是故意的。结果，他俩还是好朋友！”

姗姗补充道：“胜友不会记恨在心，还是当‘他’是好朋友，说明胜友也能宽容人。不过，胜友也要改变一下自己，在学校不要打人、骂人，还要多读书。”

“我觉得，这位胖朋友最好先偷偷地找胜友说说，让胜友改掉缺点。这样比向胜友爸爸‘告状’好。”章新也提出了建议，“好朋友应该互相帮助，不能互相伤害。”

听了以上同学的话，胜友显出腼腆的神情说：“他后来没再那样说我了，我也很少骂人、打人了……其实，他也是想我认真学习呢……我们还是挺好的……”

我说：“对呀，胜友，你和这位朋友的友情能经得起考验，虽然经历了矛盾，但最终还是化解了，挺难得的！老师认为，你这篇文章不仅有值得推荐的语句，而且，还值得我们讨论，怎样才是真正的好朋友呢？从文章中也能获得一些思考，刚才这几位同学的话也说明了这点！”

课后，出乎我的意料，叶胜友竟写了一张纸条给我：

杨老师，我的作文第一次被评为“精”，还被您读给大家听，让同学讨论，我很高兴，我喜欢这样的语文课！原来作文就是把自己生活中的事记下来，我会继续努力的！

这让我深感欣慰。其实，我这样做，并不是奢求学生能成为写作的能手，而是期待他们能因此而对作文、对表达和倾听感兴趣。

童心收藏卡

用心靠近孩子，便能感受童心如歌。

——题记

戴校徽

开学初，一年级的一位老师请假，我去代两天的课。这一天的早自习，我把校徽发给学生。他们第一次戴校徽，个个都很兴奋，我教他们怎么戴，好些学生戴得很低，我提醒他们戴高些，这样好看。

等到第一节上课时，我首先就发现坐在第一排的小何胸前的校徽不见了。我觉得奇怪，问他："小何，你的校徽呢，怎么没戴啊？"他很得意地指着戴在肩膀上的校徽说："老师，您说要戴高一些，我戴在这里比他们都高！"坐在一旁的东东也抢着说："老师，起先下课，小何就把衣服脱下来戴的，我不好意思脱，就没戴在肩膀上了！"

看着他们俩那满脸天真的样子，我不禁笑出声来……

声明

那天早上，我去餐馆吃早餐，刚坐下吃了几口，就听到旁边的一个小男孩说：“妈妈，他是我的美术老师，我要和老师一起坐！”说着，他就端着饭碗急急忙忙地坐到了我身边，然后又是一句响亮的“老师好！”我一看，原来是二（1）班的李耀，这学期我刚教他班美术。我高兴地同他一边吃一边聊了起来……

当我到了学校办公室不久，就来了一个二（1）班的小男生，一脸好奇地问我：“老师，李耀说他早上吃饭和你一起坐，真的吗？”

我笑着说：“是啊，他挺可爱的哦！”

过了一会儿，又来了一个女生也问这个问题，我也同样回答了她。

可是不多久，又来了两三个学生问我同样的问题。这半天，二（1）班的学生就来了十几次。

看看这群不厌其烦的小家伙，我终于有些按捺不住了，那天下午的美术课，我一进教室就首先向全班作了声明：“同学们，老师今天早上吃饭确实和李耀一起坐……”我还没说完，就见李耀高扬着脑袋、翘起小嘴得意地说：“怎么样，我说是真的，你们还不信！这一下信了吧……”

好多学生听了，露出了满脸的羡慕。

喜欢

那次，我和五（3）班的几个学生在办公室聊天。

西西说自己欣赏有些男孩子，他们有一股猛劲，摔伤了也不会哭泣，擦干血迹又重新生龙活虎的，不像有些女孩子一遇到困难就哭哭啼啼的。

另一个男生接过话茬调皮地说："那大概是你喜欢男孩子吧！"西西不置可否地笑着。

我就问："你们男女同学会不会说谁喜欢谁、谁同谁好啊？"

"有啊，有啊！"他们异口同声地喊出来，这一下个个都激动了，还举了好多例子。

我突然问："那你们呢，有喜欢谁吗？"

顿时，他们有的沉默了，有的急急地说："我没，没有！"有的红着脸蛋羞涩着。只有西西冒出了一句："我有！"大家吓了一跳。

一个男生好奇地问："那你喜欢谁啊？可以告诉大家吗？"

"我喜欢——老师啊！"西西满脸的微笑愈加灿烂。

"原来这样，我们也喜欢老师呢！这和那个不一样的！"另一个女生答道。

我也笑了，心想，好机灵的小女生啊！

画背心

这节美术课，我让学生就地取材，画自己或同桌的衣服，既可以写实，也可以想象。

这时，靠墙这组的一个虎头虎脑的小男生指着外套里的背心对我说："老师，衣服很难画，我画背心行吗？"

“当然可以！”

过了一会儿，我突然发现，这个小男生已经把背心平铺在桌子上，他照着样子津津有味地画着。我觉得很奇怪，便问他：“你什么时候脱了，老师怎么没看见啊？”他腼腆地笑着，就是不好意思回答。“老师，我知道，我知道！”他的同桌反倒兴奋了起来，“他是等您去教室那边了，就蹲在桌子边偷偷地脱下来的！”……

背心很简单，没几下他就画好了。这一次，他“光明正大”地问我了：“老师，我画好了，现在把背心穿上行吗？”我靠近他的耳边轻轻地说：“行啊，不过你起先怎么脱下的，现在就怎么穿上！”

他憨笑着摸了摸头，又悄悄地蹲在桌边偷偷地把背心穿上了。

正忙着

这节自学课，我让几个班干部改考卷，陈斌也是其中一个。

交代好之后，我便坐在讲台旁备课了。过了一段时间，我站起来在教室里转一圈，走到安康身边时，安康一边用暗示的眼神看着我，一边用手指着他的前桌陈斌的后背，我有些疑惑，顺势看了过去，原来是一张长纸条用透明胶贴在那里。我想，这肯定是安康身边的几个调皮男生在捉弄陈斌。但我依然不动声色，只是悄悄地把头伸近，纸条上写着一行字：

“我现在正忙着呢，对不起，没时间理你们！”

我不觉暗暗发笑，忙用手指放在嘴巴前向安康他们做了个“嘘”的动作，便又悄悄地回到讲台旁继续认真地备起课来……

老师，老师，老师

开学初，我负责一年级新生的报名。

一个小男孩在爸爸妈妈的带领下走进了办公室。左边是爸爸，右边是妈妈，他站中间。

妈妈说："快叫老师！"

他迟疑了片刻，才小声地发出："老师……"

爸爸说："要大声，再来一遍！"

他一副想哭的样子，又大声地叫了一次。

我摸摸他的脑袋，笑着说："不错，小朋友，你叫得很有力量，但叫一声不够的，你看，这里有三位老师呢！"

他嘟着嘴，皱着眉头，抬头看了看右边的妈妈，又瞧了瞧左边的爸爸，犹豫了一会儿就按顺序朝着我们三位老师的方向，很有节奏地叫了三声："老师，老师，老师！"

大家都被逗乐了，我说："很好，现在你就是我们三位老师的学生了，以后学习会特别好的！要是有什么不懂，就来问我们啊！"

爸爸妈妈听了也开心地笑了，连声说谢谢老师。

小男孩也学着爸妈的腔调："谢谢老师！谢谢老师！谢谢老师！"一边说一边还鞠起躬来。

好吃

三年级（3）班的语文老师请假了，我去代一节。

上29课《掌声》，我让学生自由读课文。读着读着，我发现最后一排的一个男生嘴巴里在嚼着什么东西，看上去好像也在津津有味地朗读课文。

我悄悄地走到他身边，蹲下身子，当他发现我时，我已经伸手轻轻地捏住他的下巴。他愣了一下，嘴巴紧闭，不动了。我又轻轻地掰开他的嘴唇，这时，他的嘴巴突然做了一个吞咽的动作，我说："吞下去了？好吃吧？"

他点点头。

"吃什么呢？"我好奇地问。

"口香糖。"他平静地答道。

"啊，你傻了，口香糖怎么能吞下去呀？它不能吃的！"我有些吃惊。

等我放手站起来时，他顺势向身边不远处的垃圾桶吐出了口香糖，嘿嘿地笑着说："老师，我没吞下去呢！"

我舒了一口气，说："还要吃吗？"

"不了，我课文还没读好呢！"说着，他捧起书本哇哇地读了起来……

谎言

中午，在去学校的路上，一个朋友打来电话，让我帮他一个忙。我怕忘记了，就从口袋里拿出笔，想把事情记下，可是，这支昨天刚从学校旁小店买来的圆珠笔就是写不出字来。一连划破了几张纸，也不见有笔迹留下。我有些生气，随手把笔丢在地上。

刚走出十来步远，突然身后传来稚嫩的童声："老师，您的笔掉了！"

我停住脚步，转身一看，一个大约二年级的小女生，正朝我跑过来。她头上的两个小辫子，用粉红色的丝巾扎着，随着脚步一颤一颤的，好像两只蝴蝶在飞。

来到我跟前，她微笑着看着我说："老师，您看，您的笔掉了！"说着，把那支圆珠笔递到了我面前。我明白了，她以为是我无意间不小心掉了，帮我捡起来还给我。

我刚想说，这支笔是坏的，老师不要了。但话到嘴边马上就停住了——我连忙伸手接过她手中的笔，高兴地说："谢谢！谢谢你帮老师把笔捡回来，要不，这支笔掉了老师都不知道呢！"

"不用谢，老师，您要放好哦！再掉了，我就捡不到了。我走了，老师再见！"她蹦跳着跑远了。

我没再把这支笔丢在路上，到了学校，悄悄地把它放进了垃圾桶里。

让“评语”拨动学生的心弦

去年期末，我布置了一道自由选择的作业：让学生在寒假里给我寄一封信，谈谈看了“素质报告单”里的评语之后的想法，给我的评语写“评语”。寒假开始后，我便陆续收到了一些学生的来信，从中我读出了写好评语的六点感悟：

一

陈国理：老师，我很喜欢您的评语！妈妈看了也特别高兴，还把评语读给我听，抚摸着我的头说，明年更要努力，争取得奖状。她还突然跑出去，告诉邻居，连我也害羞了。老师，您的评语给人看了很舒服，您的评语就有这个价值！

——我想，我的评语之所以对国理和他妈妈有所触动，不是文字的华丽，不是概念化的套话，而是评语所评的是一个真实的“国理”，有着实际生活与学习中的优缺点，字里行间交融着我的赏识和激励。后来，国理妈妈见到我说，在我之前的班主任写的评语总是干巴巴的几句，看上去是写给“国理”，要是拿给其他学生好像也行。这让我更加明确了写评语的一个要点：内容要有针对性，表达要有人情味，评出个性化，切不可人云亦云、千篇一律。

感悟一：评点切忌概念化，内容追求针对性。

二

卢芙蓉：杨老师，您写的评语我都保存着。特别是读第七册的那次，我看了很快乐。我特别喜欢其中的那句："老师很喜欢一种花，叫'芙蓉花'，就是河里的荷花，虽然平常，但是纯洁、美丽！老师也喜欢四年级（5）班的芙蓉……"老师，您是把我比做"芙蓉花"吧！我也听人说"芙蓉花"很好看，我是没有它那样好看的，但是我一直记得这句话，这句话也是我从一年级到现在最喜欢的一句。在第八册的评语里有一句说："你组长工作干得不错，人也谦虚！"老师，其实我也会骄傲的。您还在今年的评语里说，有一次和我聊天很愉快，您还记得，我也记得。那天，您是问我小组长的工作情况，让我对小组成员进行评价，当时我既紧张又激动。

——卢芙蓉会一直记得那句话，或许在于它是一个富有联想情趣的比拟，或许在于它含蓄地表达出了我对她的赞美……不管怎样，我觉得，如果教师能有意识地把评语写得生动形象些，让它具有一种语感上的张力，那学生的感受常常也是不一样的。或许我所写的这个句子在大人看来平常无奇，可我落笔时，它就是那么自然而然地流露了出来。芙蓉记住了它，我知道有一点是肯定的，那就是她从中体会到的那份情愫，正是我在平时一直关注她的那种感觉——老师自始至终"看着"她。

由此，我认为，写好评语，让它触动学生，功夫其实在评语之外，也就是教师要投入到学生的生活和学习中去，和学生要有

“共同”的生活和情感的积累。否则，评语再华丽有韵，抒情再恳切强烈，学生读了反倒是空洞虚伪了。

另外，我也挺喜欢在评语里记录师生曾有过的接触与交流的那些细节，芙蓉在她的“评语”末尾提到的，正是我所盼望的。

感悟二：**表达需要真感情，语句更应形象化。**

三

陈丽：老师，您写我的评语真准确，爸爸看了也这样说。您把我的爱好和心事都写到了，我感到高兴。不过有一点您可能不大了解，您说我爱帮助人，其实这是您凑巧看到的，我还时常打人、骂人，不怎么会帮助人的。我知道您是希望我乐于助人，改掉打人、骂人的坏习惯，谢谢老师，我会努力的，不然我就对不起老师的表扬了。

您还说我的读书笔记和跳舞都好，那是因为我对这些都蛮用功的。这学期让我感到特别开心的是美术成绩得“优”了，以前都是中、良、良上这些。美术让您教后，我对画画也很感兴趣，您好多次在班级里展示我的美术作业，我越来越想画了。

——陈丽说我评语写得准，我感到欣慰。其实，去了解每个学生的爱好与心事，也是我所乐意做的。很多时候，了解这些，比关注学生的学习更能深入学生的内心世界。我也知道丽丽会打人、骂人，但我在评语里没有直言不讳地进行所谓的教导，而是有意改变了表达的内容和方式，写我有一次看见她帮助别人的情景，虽然只是平常小事，但是，我说老师喜欢这样的陈丽，为这样的她感到高兴。现在陈丽主动坦白不足之处，我能体会到她内心的道德冲突和对我的信任。虽然这个结果并不是我预先所能掌控的，也并不一定就会出现，但是评语的这种委婉的、换个角度的写法却是我可以也应该去努力的。

感悟三：提醒不足须委婉，指出方向应明确。

四

李林：老师，您说我比以前积极自信，没错，这都多亏您常叫我回答问题。您说我的作文进步较大，这也有您的功劳，在作文讲评课上，您总是提起我的好句好段，尤其是期末复习，您还表扬我的两篇作文写得很有真情实感，并念给大家听，我真是快活……现在我都喜欢记日记了。您一直提醒我要注意自己的“字”，非常感谢您在评语中给我的建议，我会把字写小些，让字距分开些。我已经去新华书店买了您说的字帖，认真练练。

叶祖品：杨老师，您说我上课回答问题很主动，这可能是我的第一个优点。您还说我课外书看得少，影响了我的知识面，所以今年我要多看些课外书。其实您和有些同学在课前为我们读的那些文章我都蛮喜欢的，只是我还不主动去找书看，寒假里我首先完成这个任务，去买了三本书好好看。您说我的思考能力很好，您说得很对！我要保持这几个优点，改正缺点。

——看了李林和祖品的“评语”，我想说，教师的评语不管怎么写，关注学生的优点和不足，应该是重要的。“有的放矢”的评价与“对症下药”的建议，不但拉近了师生距离，还能使学生明确努力的方向，如此方能让学生真切地感受到老师是真正了解他的。这就要求教师除了在日常教学生活中多靠近和注意学生之外，尤为关键的是必须及时记录每个学生的个性化的信息和典型化的表现，比如可以把最能体现学生个性心理因素的作文、日记等资料收集起来，坚持写教育随笔，记录学生课堂与生活中的言行事迹，等等，这比单单地为上课而上课、为改作业而改作业要来得有意义。李镇西的《爱心与教育》更是淋漓尽致地诠释了这一点。唯有平时的“功夫深”，才能有写评语时的“下笔如有神”，否则，难免会像有些教师那样对学生感觉模糊，不是随便挤几句敷衍了事，就是言不由衷，文不对“人”了。

感悟四：搜集表现要及时，记录细节须典型。

五

黄松：杨老师好！您的评语充满了激励和真诚，从您的评语中总能看到一个上进的有朝气的“黄松”，读着读着就如同和您面对面地聊天、谈心。您的语句好像散发着诱人的香味，使我不知不觉地把“报告单”拿起来看了又看。不仅仅是“报告单”上的评语，还有大作文、日记本上的评语我也很喜欢！只要等到发这些作业时，我都盼望着您能在上面多写些，这是我的心愿。老师，对您的评语，我最想说：它能让不开心时的我变得开心！

——我喜欢写评语，包括作文、日记、作业本上的各种评语。黄松的这段充满愉悦感的话更坚定了我的这份喜欢。我总觉得，评语的优劣不在于它的长短，而在于它能否带给学生快乐、激情、思索、自信自强以及对教师心灵的向往。我一直朝着这个方向去努力，而这种努力更多的是体现在教师对学生感情的潜移默化上。文为心声，学生表面上读的是教师笔下的长短文字，实质上是体味着教师心中的浓淡情感。如果对学生没有情感或情感淡漠，那评语也就会只剩下干瘪枯燥的文字或虚情假意了——当然，教师不是自己评语的评判者，学生才是，而且永远是！

不要说我不沉稳，黄松的这段“评语”也让我高兴，因为没有什么比学生的真心肯定更让我高兴的了。或许正是因为时常收获学生这样的反馈，所以我对抒写评语乐此不疲，它已不只是文字的耕耘，更多时候是心与心的呼应与关照！

感悟五：赏识更能表达爱，激情总会激励人。

六

春萍：老师，您说给我写评语很高兴，我也想说：给您的评语写“评语”，我也很高兴！您说我有潜力，有洞察力，这使我有了自信心。我本不想把“报告单”拿给妈妈看的，因为以前您曾在“报告单”里给妈妈提意见，请她不要老是讲我这不行那不行，对我要多鼓励。妈妈看了也没说什么。我想妈妈可能听不得您对她的“批评”。可这次姐姐一把抢过我手中的“报告单”说：“你老师是不是又写妈妈要信任、要支持你呀？”当时我就担心妈妈会骂，可是妈妈看了后却微笑着，还激励我了……我要向您说声谢谢！因为您使妈妈开始不再说我的缺点了。您说我是一个有潜力的人，我有些不理解，但我把评语看了又看，想了又想，又有些理解了。

——春萍妈妈向我询问过几次女儿的学习情况。每次总当着孩子的面说她懒惰、不自觉、没优点，等等，春萍也为此感到难堪、自卑，甚至气恼，在日记里也时不时地表露出来。其实我也清楚她妈妈是关心她，希望她学习更加好些，只是这样的“关心”不但于事无补，反而影响了母女间的感情与信任。正如春萍在“评语”中提到的，她都不愿把学习情况（包括“报告单”、考试成绩等）向妈妈汇报了，即便我在评语里一直肯定她的进步和“闪光点”。

为此，我除了私下里同她妈妈交流意见、让她对孩子多些宽容和赏识之外，就是利用平时（尤其是期末）的评语，将春萍的烦恼和渴望同她妈妈内心的真正用意作一番情理交融的沟通，这既是给春萍看，也是给她妈妈看，它在评价春萍的同时，也对母女俩的感情交流与疏通起了纽带的作用。现在，从春萍的“评语”里可以看出，我的评语达到了这个效果，不过即使没出现这个效果，有些学生也很需要教师写出这样的评语。

虽然有些效果不是教师能绝对把握的，但是要不要这样做却是教师应该而且可以控制的。

感悟六：沟通学生与家长，家校互动化隔阂。

结束语

学生的“评语”，让我在寒冷的假期里体味着一阵阵花开的暖意。虽然我收到的并不是所有学生的“评语”，但我知道，教师“写”评语时的用心，才能有学生“读”评语时的用心，将心比心，唯有教师的真情实感，方能触动学生那“童心童语”的表达欲望。而让学生给评语写“评语”，更是由师生的单向交流变成双向沟通，让教师有机会了解自己写的评语学生看明白了吗？理解了吗？学生觉得恰当吗？同时也给了学生一个自我认识、自我审视以及将情感和体验化成文字的突破口，这既能实现师生之间认识和感情的反馈，又能达到一次平等、民主的心灵对话。

鲁迅为什么没被老师打手心

早上放学时，陈老师满面春风地走进教室，高兴地说："同学们，告诉大家一个好消息，下午第一节语文课，县里的一位优秀老师要在咱们班上《三味书屋》那课，到时有许多老师来听课，希望大家中午认真预习课文。抓住这个机会，展示一下我们班的风采……"

中午，林奇就约自己那个学习小组到他家预习。林奇是组长，他给大家布置任务："我们先自学生字词，然后默读课文，找出不懂的地方，大家交流讨论……"

过了一会儿，林奇自己搔头抓耳，有些坐不住了。他干脆站了起来说："大家先停停，我发现了一个问题，一个重要问题，我们先来讨论吧！"同桌小霞好奇地问："什么重要问题呀？"

"课文中说鲁迅把桌子刻了，为什么没被他老师打手呢？我刚才查了一下《词语手册》，发现课文中写的那把'戒尺'就是用来打做错事的学生的！"林奇说得有理有据。

"是啊，我也是这样想的！"坐在林奇对面的聪聪激动地答道，他觉得能和组长想到一块是件光荣的事。

"别急，我们还是再仔细地看看课文吧！"聪聪身旁的星星总是很有耐性，"老师说过，碰到问题不要急躁，一定要联系上下文去理解！"听了她的话，大家又看起了课文。

“我知道了！”只一会儿，小霞就高兴地叫起来，“鲁迅没被打手，是因为那张桌子是他自己的。课文中说书桌各不相同，是学生从自己家里搬来的，鲁迅刻自己的东西，老师当然管不着！”

话音刚落，聪聪立刻反驳道：“那也不一定，我表弟在自己的语文书上涂涂画画也被他老师批评，说他不爱护书本。我想，鲁迅没被打手是因为书里说那个‘早’字刻得‘小小的’，他老师是老先生，年纪大，肯定眼睛不好没看见。”

“不对，就算他老师没看见，可是写文章的人知道了，他也没有在文章里批评鲁迅做得不对，还要我们读了以后学习他。所以，我觉得刻不刻字没关系，重要的是为什么刻。书里说鲁迅是为了记住要早到，这样的话，他刻字就值得老师表扬了。”星星说得有条不紊。

林奇又坐不住了，还是站了起来：“那我想认真学习，也要在书桌上刻‘好好学习，天天向上’来提醒自己，老师会同意吗？不但老师不同意，而且还会被学校处罚扣分呢！——我想明白了，其实鲁迅没被打手，是因为他很有名！你们看看《词语手册》里写着呢，说他是大文学家！”

“也不对，鲁迅刻字时还是个小孩子呢，谁知道他长大后会很有名呢？我感觉鲁迅刻字可能是写文章的人编的，老师不是也说过可以适当地想象吗？要么鲁迅也有被打手，写文章的人不好意思写给我们看！”小霞一边说，一边推了推一直没说话的西西，“你说我讲得有没有道理呀？”

西西慢条斯理地笑了笑，好像作报告：“不管是不是编的，假如我是鲁迅，我是不会在桌子上刻字的，就是老师不批评，我们也要爱护课桌椅嘛，只要把‘早’字记在心里，认真做到就行了。如果怕忘记，我就把字写在纸条上，天天藏在身边，时时提醒自己，这样更好！”

林奇又摸了摸脑袋说：“你们说的好像都有自己的道理，可是我的疑问还是没有被解开呀！时间不早了，我们该上学了，等上课时，我就请新老师帮助！”

……

在课堂上，林奇几次想把自己的问题提出，可就是找不到合适的机会。那位老师上课非常有激情，一环扣一环，让大家忙都忙不过来，只能跟着她一步一步地学下去……终于就要下课了，新老师总结说：“同学们，鲁迅小时候严格要求自己的精神值得我们学习……学了课文，你有什么感想要对大家说吗？”林奇好不容易逮住了这个难得的机会，第一个弹簧一样蹦了起来：“老师，鲁迅把桌子刻了，为什么没被他老师打手呢？”新老师听了，愣了一下，说：“小朋友，你这个问题跟课文没多大关系，离题了。注意，上课要认真听，多动动脑筋。坐下！”

这时，下课的铃声响了起来……

不再脸红心跳

谢琬刚毕业，这学期分配到一个乡镇的中心小学，担任五年级（2）班的班主任。

初为人师，一切都充满了新鲜感。虽然谢琬忙得不可开交，但她感觉充实和兴奋。她谦虚好学，碰到难题和困惑总是主动去问同事，因此，工作上的大事小事一件件地都被她按时完成了。

这个星期二下午第二节课，下课铃声刚响过，谢琬突然听到从广播里传来校长的声音。校长说，这里有一个紧急通知，全体老师马上集合，到会议室开会。

校长一般不会亲自播通知的，看来真是有什么重要的事情了，谢琬边走边想。

在会议室，校长显得比平常严肃。他说，明天上午半天，县教育局有个检查组要到我们学校检查“减负”的实施情况，请各位老师务必要注意，特别是班主任，一定要交代好每个学生，不要说学校有统一发单元试卷，暂时不要把各班自己购买的各种练习册带到学校来。另外，检查组可能会抽几位师生个别座谈，也请大家做好心理准备。班主任一定要事先对学生进行答话的训练，让他们记住什么该说、什么不该说……第三节课马上把这件事办了。

谢琬暗想，这不是叫我们造假吗？平时她就不善于说谎，现在突然间要她面对全班那么多双无瑕的眼睛，“教育”学生说假话，她不敢想象，那是多么尴尬的事啊！她偷偷地观察了一下其他老师，还以为会有人发牢骚或向校长提意见，结果却发现他们个个表情平静、动作自然地走出了会议室，反倒是她好像做了假事被人看见一般，心扑扑跳，感觉两腿走路也拖泥带水了。

在回办公室的路上，她思前想后也不知道怎么措辞向学生交代才好，第三节课如果讲不了，学生就放学回家了。万一明天因为她班而出了差错，那可怎么办啊，她越想越着急……

一到办公室，她慌忙问坐在身边的黄老师：“黄老师，你打算怎么跟学生讲呢？”

黄老师胸有成竹地答道：“这个啊，很简单，你就对学生说，明天县里有人来检查大家的书包，要是发现有那些练习和试卷，就要没收，所以大家不要带过来。如果他们问了，也要说没有！”

“假如学生问我为什么呢？”谢琬担心地问。

坐在对面的李老师接过话茬：“学生一般不会问的，都很听班主任的话。要是个别的问了，你就说这些检查的人都很凶，校长都怕他们，千万别被他们抓住，不然，不但练习和单元试卷被没收，而且还要被抓到校长那里，把你们的爸妈叫过来……”

平时很少说话的林老师也插话了：“小谢啊，没什么大不了的，你只要放下脸来，瞪瞪眼睛，就没学生敢问了！”

这三位同事还是告诉谢琬要对学生说假话，而且要说得严肃认真。她听了更是一脸的茫然，不觉叹了口气说：“既然教育局不允许学校买这些资料，为何学校还偷偷地买啊？”

黄老师笑了，压低声音说："那个单元试卷是学区的某领导统一订的，要求下属每所学校都要买。听说那个回扣也不少呢！"

李老师满脸的不屑："什么'减负'不'减负'的，教育局还不是照旧在分数上做文章。每年小学都要毕业统考，把各个学校排出名次，搞得像高考一样。我们校长还说，分数就是教学质量，这样的观念，只能越减越'负'……"

谢琬听着听着，感觉自己的问题还是问题，而且脑子更乱了……当上课铃声响了，她还在犹豫着，过了好一会儿，才硬着头皮挪进教室。

"……同学们，告诉大家一个通知……"话才开头，谢琬的脸就不由自主地红了，"明天，县里有个'减负'检查组来……来检查……大家的书包，书包里的……"唉，这话到底怎么说才好呢，她的额头在冒汗。

"老师，我知道什么通知了，就是明天不要把各种练习带过来。"一个学生喊了起来，其他学生也七嘴八舌地说开了：

"要是有人问，我们就说没有订那些练习。"

"还要说我们只做一本《课堂作业本》，其他的都没有，很轻松，很快活！"

"也不能说学校有发单元试卷给我们考，要说一学期只考期末一次……"

谢琬听了很惊讶："我还没说，你们怎么都知道了呀？"

"老师，去年'减负'检查组已经来过一次我们学校了！"

"我们原来的班主任蔡老师早就教我们怎么说了，我们都会背了呢！"

谢琬松了一口气，她突然感觉接下来的话好讲多了……

第二天，学校里挂起了欢迎检查组的大幅标语。全校师生一直等到第三节上课了，才看见检查组的小轿车缓缓地开进了校门。谢琬又开始紧张了，现在她最担心的是自己会被抽去座谈，要是这样，她又不知该怎么说话了，一想到这里，她又暗暗地脸红心跳……好在不多久中午放学的铃声就响了，望着学校领导班子簇拥着检查组同志去“喜来临酒店”吃午饭，谢琬终于放下心来。

又一个周前会，校长高兴地说：“‘减负’检查组对我们学校的减负实施情况很满意，认为我们减负的各种计划、规章制度制订得条理清楚、详细全面，减负效果明显！我代表领导班子向各位老师的辛勤付出表示感谢！”

谢琬听了很想笑，她发现自己不再像上个星期那样脸红心跳了。

老师，我很胆小

林意是一个长得蛮帅气的男生，眉清目秀，斯斯文文，顾老师刚接三年级（1）班，就对他有了印象。

上第一课，顾老师指名学生分段朗读课文。叫到林意时，他一下子面红耳赤，慢腾腾地挪着身子，过了半分钟才站起来，弓着背，低着头，好像刚做了错事被批评一样。

顾老师等着他开口，但他一直就如同一尊泥塑的雕像，一动也不动，嘴巴紧闭，额头渐渐地渗出汗珠。有几个男生扑哧笑出声来，有些学生争着举手："老师，我来读！""老师，让我读!"……这时候的林意更加低垂着头了。

顾老师没想到林意竟如此的害羞、胆小，她鼓励林意说："男孩子，胆子大些，大声读出来，不要害怕……"等了一会儿，林意还是一声不吭，顾老师就等不及了，因为她上课紧凑，很有计划。她挥了挥手，示意他坐下，然后叫了其他学生……

接下来的日子，虽然顾老师又叫了林意几次，但他还是外甥打灯笼——照舅（旧）。从那以后，顾老师就没再叫林意了。

很快地，一个学期不知不觉地过去了。顾老师给林意写了这样的评语："……你上课认真，遵守纪律，能按时完成作业，斯斯文文，就是性格过于内向，胆子太小，以后要多多锻炼……"

一看到"胆子太小"四个字，林意顿时脸红心跳。他爸爸一拿过“素质报告单”，并没在意这个，却急着翻看语、数成绩。一看都是“良”，就有些火了：“一二年级都得‘优’，现在怎么只得‘良’？期末到底考了多少分？”林意怯怯地说：“老师没有公布分数，只说优是九十几分，良是八十几分……”

于是，爸爸买了好几本语、数的练习册让他做，这个寒假，林意就没得玩了。

第二学期一开学，爸爸带着林意去顾老师家拜晚年，送了好几张购物券给顾老师，麻烦顾老师对林意严格要求，把成绩提上去。顾老师说，林意成绩还可以嘛，人也乖，就是胆子太小……林意听了，脸一下子又红了起来，不知怎么的，他感觉自己一看见顾老师，就紧张不已。

又一个学期过去了，虽然林意仍旧只被顾老师提问过几次，但这学期的“素质报告单”上语、数都得了“优”。爸爸很高兴，说他进步了，带他去吃肯德基。

到了四年级，顾老师请了孕假，学校让李老师来上这个班的语文课。有一次，李老师无意间叫了林意朗读课文。林意顿时面红耳赤，慢腾腾地站起来，弓着背，低着头，好像接受审判似的。这时有学生喊了起来：

“老师，林意很胆小的！”

“老师，他站起来也读不出来！”

“他会浪费上课时间！”

“我们顾老师很少叫他……”

李老师听了，说：“哦，这样啊，其实，我读小学时也很胆小呢！”说着，他走到林意身边，按了按他的肩膀，让他坐下。李老师刚走出几步，又转身问：“林意，你知道老师姓什么吗？”

“姓李……”林意微微抬头答道，声音小小的。

“那你姓什么呢？”

林意听了愣了一下，这时立刻有学生笑了起来说：“李老师，他叫林意，当然是姓林呗！您怎么连这个也不知道啊！”

李老师拍拍脑门哈哈地笑着：“是啊，老师有时也迷糊着呢，你们可要提醒我哦！”

林意听着听着，也笑了起来，他感觉有些放松了。

李老师又说：“大家都知道他叫林意，那这两个字怎么写呢？谁会？”

好多学生都举起了手。

“既然是写林意的名字，那就由林意来选男女各一位同学上去写在黑板上。”

林意听后，用手指指同桌和前面那位同学。两位同学乐滋滋地上去写了起来。

李老师问林意：“他们都写对了吗？”

林意高兴地点点头。

“好，下面我们齐读三遍——开始！”

“林意！林意！林意！”大家异口同声，读得整齐响亮，声音响彻整个教室。一种难以言状的兴奋洋溢在林意的脸庞上，他红光满面……

第二天的语文课，李老师用“开火车”的形式让大家读新学的词语，再用读到的词语说一句话。轮到林意时，他又满脸通红，舌头在嘴里直打转，就是发不出声来。李老师就让大家齐读那个词语，然后叫林意跟着读一遍，林意总算读了出来，但声音小得可怜。李老师说：“老师听到了，你的任务完成了，请坐！”

林意松了一口气，刚坐了下去，李老师又说："等等，你帮老师叫五位同学，读课文的五个自然段吧！"

"林意，叫我——""林意，叫我——"好几个学生向林意举手示意着。

林意下意识地又站了起来，他抬头环视着教室，一一叫了五位同学。被叫到的同学又是乐滋滋的，听着他们读，林意也显得很开心。

就要下课时，李老师说："我这里有两个难题，谁敢回答？"

又有很多学生举起了手，李老师叫了班长，问："今天星期几？"

班长抓抓头，嘻嘻地笑着："这么简单啊，今天星期四嘛！"

"第二个问题就比较难了，我把它留给林意回答，要是答不出，再叫其他人！"

林意紧张了起来，脸红红的。

"这个问题是——"李老师走到他身边问，"班长叫什么名字？"

原来是这样的问题，林意马上放松了下来，脱口而出："薛纯纯！"全班同学也跟着喊着这个名字……

不到一个星期，林意就喜欢上了李老师的课。李老师每节课都会叫到他，每次的问题或任务都很简单，虽然林意站起来回答时依然脸红心跳，但他感觉特别快乐。有时李老师还没叫到他，他也有一种想举手的冲动。他每天都想着上语文课，想着看到李老师。那天，他不由自主地在周记里写着："老师，这个星期以来，我最想对您说的是我的胆小。五岁的时候上幼儿园，妈妈把我送到幼儿园，我一直在哭。有一次别人把我的飞机玩具拿走了，我只知道哭。读了小学，我不敢举手，也不爱参加活动，我很会脸红，脸一红，就紧张。老师，我很喜欢你上课，我也想回答问题，但我不敢举手……”

过了几天，林意翻开周记本，就看到了李老师写给他的评语：“林意，老师上了你们这么多天的课，感觉你在进步，每节课你都能配合老师，即使你脸红了，老师也觉得你很可爱。谢谢你写给老师的心里话！读你的周记，老师很感动！老师盼望着你举手，哪怕答错了，老师也欣赏你，因为你在努力……”

那天晚上，林意梦见了自己在课堂上迎着李老师微笑的目光举起了手……早上醒来时，他的心扑扑直跳。一到学校，他就等着快点上语文课……

决心

她来自外地的一个农村。

开学第一天，当班主任把她和几个插班生带到五年级（1）班时，很多同学的目光齐刷刷地向她射来。她不敢抬头，垂下眼帘，望着脚尖。

嘻嘻……好几个男生看着她窃窃私语，笑出声来。

她矮矮的，脸色黑黄，皮肤粗糙，不像一个女孩子。

从那以后，她总是独来独往。上课前，她早早地就来到教室；课堂上，她静静地坐着；下课后，她常常最后一个离开。她知道自己难看，不敢主动接触别人，除了把时间放在学习上，她很少做其他的事情。

班主任很想安慰她，但又感觉不知怎么说才好。要是说得不恰当，反而让她更难堪。于是班主任每天关注着她的表现，极力地想从中挖掘出一些“闪光点”来。可是，日子一天天地过去了，她也没什么变化，原来怎么样的还是怎么样。班主任只能用同情的目光看着她生活在自己的阴影里……

班主任教语文，改了几次作文之后，发现她的作文写得很好。这让班主任特别高兴，好像是跋涉在沙漠中终于找到了一片绿洲。班主任每次都会给她的作文写上欣赏和鼓励的话，还常常把她的作文读给大家听。渐渐地，有些同学开始关注她、靠近她了。

有一次，班主任把她的那篇《妈妈，假如我是您》投给了《温州都市报》的“教育版”，不久就刊登了出来。那节课，当她从班主任手里接过35元钱的稿费时，教室里骤然响起了热烈的掌声，同学们的目光透露着羡慕和佩服。她的眼圈红红的，向大家深深地鞠了一躬。回到座位，一种从未有过的温暖充溢在她的心头，她不知不觉地微笑着。

后来，她在课堂上也举手发言了。

后来，她也有了自己的朋友，课间常常在一起说笑玩闹。

再后来，她被大家选为学习委员。

她就像变了一个人似的，班级里充满了她的欢声笑语……

第二学期，学校要成立文学社，举行了一次现场作文比赛，并决定从中选出一位学生当社长。

在一个小时里，她一挥而就，写了一篇近千字的《我想当社长》。文章侃侃而谈，不但写得情理交融，而且思维活跃，想象丰富。在文章里，她还提出了具体的设想和建议。

文学社的指导老师大为赞叹，认为在那么多的现场作文中，她写得最有特色。不仅文笔老练，感情真挚，而且字里行间展示了她当社长的魄力。当下就记了她的名字。

过了几天，现场作文比赛的结果公布了，她的名字赫然印在“一等奖”和“社长”的位置上。班主任为她高兴，同学们为她欢呼，她为自己感到自豪。

第二天，校长和文学社的指导老师找她去谈话，商量准备召开社团会议的事……等她离开校长室后，校长直摇头，失望地对指导老师说，怎么这么矮呢，长得也不好看。社长要经常主持社团活动，还要拍照记入学校的教育档案，照片还要发在学校网站上进行宣传的。再说，这个期末县教育局要召开首届全县中小学文学社的社长会议，她可是代表我们学校的形象啊，让她去站在台上发言，那怎么能看？唉，不行，绝对不行！

指导老师说，都是我的失误，应该事先把她叫过来看看再作决定。现在怎么办？要不换一个吧！

校长想了想说，通知都公布了，不好马上更改，暂时就由她来当社长吧。不过，也不要拍什么照片了，社团活动搞个形式，应付一下。过一两个月，再举行一次作文比赛，找个理由把她换了。

两个月后，第二次作文比赛她只得了个二等奖。指导老师找她谈话，说你的作文退步了，当社长至少要一等奖才行，你下次再努力吧！

她咬着嘴唇，默默地点了点头。

回到教室，班主任安慰她：没事的，一次比赛算不了什么，不再当社长，你也同样是出色的，下次还可以争取，老师相信你！

她眼眶湿湿地望着班主任，暗暗地下了决心：老师，我会的，我一定会努力的……

直到小学毕业，她也没再当上社长。

那盆水仙花

上学期我到横河村小支教。那天正在上课，突然，隔壁教室传来李老师愤怒的呵斥声："你又来了，出去！出去！"很多学生也跟着喊："出去！快出去……"

嘈杂声影响了我的课堂，我连忙打开教室门，只见李老师正连拉带拽地把一个老头推出教室。老头六十来岁，满身邋遢，拖着个大麻袋。李老师刚关上门，没料到老头又用力撞开挤了进去。等他出来时，手上已抓着两个饮料瓶，像是拿着"战利品"一样，眯缝着眼，咧着嘴，傻笑着一步一顿地离去……

课后，李老师告诉我，自从村里开了家废品收购站，学校里就冒出了这个惹人厌的老头，四处游荡找废品卖。老头是本地的孤寡老人，脾气古怪倔强，从不管你上没上课，常常旁若无人地闯入教室乱找乱动，把垃圾桶翻得狼藉一片，连办公室也照闯不误，如同逛菜市场一般。

我问，不是有大门锁着吗？

没用，老头眼尖着呢，总能趁师生和家长进出时见缝插针，何时进来你都不知道呢。李老师无奈地说，没办法，这烂学校连个传达室都没有！

正说着，我班有个学生急匆匆地跑来："杨老师，快，快去，陈业被那老头打了！"

当我赶到时，陈业已被老头推倒，坐在地上哭喊着："还我……我还没喝完啊，臭老头，你不得好死……"原来老头盯上了他手中的饮料瓶，等不及他喝完就抢了去，在他眼里，能卖的垃圾简直就是"宝"。校长也赶来了，一边骂一边把老头踉踉跄跄地推出了校门，老头贴着大门也在骂校长。校长无可奈何地直摇头……

周前会，好多老师向校长反映，得想办法把老头管管了。校长苦着脸说，难道我不想管吗，可老头家里就他一人，连个亲戚都没有啊！我只能写个报告，向教育局申请建个传达室、雇个人来守大门了。大家忍忍，再忍忍吧！

散会没多久，突然从校长室里传来校长声嘶力竭的叫骂声："这老不死的，又跑这儿来了，拿去拿去，快滚……"校长把一个矿泉水瓶扔了出来。还没等校长推他，老头早已三步并作两步捡起瓶子，在衣服上擦了擦就塞进了麻袋。其实开会时大门一直锁着，后来才发现老头是爬墙进来的，围墙不高，墙头的玻璃碎片都被敲掉了。

那节语文课，我班正在朗读课文。"嘭"的一声巨响，教室门猛地被撞开，大家吓了一跳。一看，又是那老头。一手拖着麻袋，一手紧攥拳头，朝教室后面的垃圾桶大摇大摆地走去，眼睛斜睨着地面，歪着脖颈，那架势随时等着反抗我来推他。

"臭老头，出去！""臭老头，快出去！"很多学生异口同声地喊着，陈业更是挥动着课本，做出驱赶的动作。整个课堂一片喧哗。当老头走近我时，我出人意料地让开了道，并向学生做了个安静的手势。学生个个疑惑地望着我，教室里顿时出奇的安静。

"继续朗读吧，不要打扰老爷爷捡东西了！"我平静地说。

犹豫间，琅琅书声又逐渐响起。我们反常的举动让老头有些发愣，他从垃圾桶里翻出了几个饮料瓶后，竟加快了脚步往外走，从麻袋里掉出了一个也不知道。我捡起来送到他手中，他疑惑地看了看我……

几天后，我正在思品课上和学生讨论话题，教室门又突然被推开，老头刚探进半个身子，一看是我，竟缩了回去，轻轻地带上门后离开了……

“杨老师，臭老头好像很怕您呢！”陈业乐滋滋地说。“对呀，他都不敢进来了！”“和以前都不大一样！”有些学生搭腔道。

“老爷爷为什么会变了呢？”我的提问让学生不知不觉地沉思起来。

“我知道，是因为前几天老师没推他出去。”

“后来，我们也没对他大喊大叫。”

“杨老师没骂他，还帮他捡瓶子！”陈业若有所思地说，“老头……老，老爷爷好像知道杨老师对他好！”

“嗯，很聪明！”我向他们竖起了大拇指，“我们对老爷爷好，他都晓得呢！老爷爷一个人孤零零的，每天起早贪黑到处捡破烂不容易呀，老师有个办法可以帮帮他：大家把平时丢弃的那些‘废品’专门放进一个袋子收集起来，送给老爷爷，谁愿意负责这件事？”

“我愿意！”“我也愿意！”……好多学生都争着说，没想到陈业也抢着举手，我想了想，问陈业：“你不气老爷爷啦？他可是抢你东西的‘臭’老头哦！”陈业笑嘻嘻地答道：“老师您都没气，我也早就不气了。老爷爷和我住同条街呢，我找他很方便的！”“那就由你来负责吧！”过了一周，陈业兴高采烈地跑来告诉我："老师，我每次把收集来的废品送给老爷爷，他都很开心哩！"我笑着摸摸他脑袋说："这也要谢谢你呀！"

从那以后，我班无论上什么课，老头再也没闯过教室了。

临近期末的一天，我一进教室就看见讲台上多了一盆水仙花，我惊讶地问："这花是哪位同学摆在这里的呀？"陈业兴奋地说："老师，花是老爷爷从菜市场买来的，他让我带到教室摆在讲台上，说是谢谢同学们，谢谢您呢！"这是我万万没想到的，那节课上得特别开心。

转眼间，一个学期就过去了。暑假里我又被临时通知回到原单位。教师节那天，遇到了李老师，我问起老头的事。李老师说："他死了。""啊，怎么死了呢？"我很是惊愕。

"暑假，村里几个小孩子偷偷去游泳，一个不会游的搭在一个会游的肩膀上，刚要向河中游去，会游的承受不了重量，溜了，撇下不会游的那个孩子在水里惊慌失措地扑腾。老头恰巧来河边捡破烂，见到此情景，随即跳入水中救上了小孩，自己却因体力不支被淹死了。听村里人说老头也不会游泳。"李老师补充道，"对了，被救的小孩就是你班的陈业……还真看不出来，老头平时凶巴巴的，也能做出这样的事来。不过，死了也好，在开学初的会议上，校长总算松了口气，说再也不用担心老头闯课堂了！"

我听着，心里酸酸的，竟有些想流泪，蒙眬间眼前就浮现出了那盆水仙花……

一张汇款单

那天，我突然收到一张一千元的汇款单。

我觉得很奇怪，无缘无故，会是谁给我寄钱呢？仔细看汇款人名字：林子天，还有地址，都是陌生的。难道是这个人寄错了？可白纸黑字，收款人和地址就是我的啊！

我反复查看汇款单，也找不出一点儿线索。在没弄明白之前，我是不会去领钱的，花这样的意外之财，哪怕数额很少，也不安心。而且我也担心，会不会是什么骗局呢？如今的骗子技巧高明，手段新颖，看上去是给你甜头，而实际上却让你得不偿失，甚至可能损失惨重，等你有了谜底，已是后悔莫及。其实，汇款人地址就在邻县的县城里，我本打算去探个究竟，但思前想后，还是决定不去了。我想，我就待在本地守株待兔，看这张汇款单能引出什么事来。

等了两天，不见有什么动静。每次下班回来我就问家人，也都说没人来找我。就在我决定不理睬它时，第三天，我意外地收到了“林子天”的来信。等待之后终于有了眉目，这让我高兴，可我总感觉这封信里有一个难以预测的计谋在偷偷地窥视着我。拆信时我竟鬼使神差地心跳加快。

信中说：“杨老师，您好！很冒昧给您写这封信，打扰您了！我是替父亲林国强给您写信的。两三天前，您应该已经收到我汇给您的一千元了吧！您大概会觉得很奇怪，现在我向您解释一下。我父亲曾是您十年前读中师时的政教主任，已退休多年了，现在生病住院，情况越来越差。他说一直难以忘记一件事，这件事让他深感惭愧和痛苦，时常折磨着他。他好多次欲言又止，终于在前些日子告诉了我。他说，在您读中师时，有一次捡了一张一百元，交给了他……”

看到这里，我恍然大悟，往事不知不觉又浮现在了眼前：那是中师二年级的一天傍晚，我在回寝室的路上无意间捡到了一张一百元。我本想偷偷地占为己有，因为那时我正缺钱，生活费差不多用光了，而迟迟不见家人寄来。那一百元真是老天爷给我雪中送炭啊！就在我浑身洋溢着兴奋一路小跑到寝室时，我却改变了主意。我觉得我应该把钱上交给学校，在物质利益面前，我更需要的是荣誉。在这所学校我一直是个默默无闻、很不起眼的学生，没有什么能力让自己崭露头角，哪怕是让名字在大庭广众之下停留三秒钟。我知道，拾金不昧不但能使我心灵安宁、获得精神的升华，而且能让我轻松地实现上述的那个心愿。再说，按学校的相关规定既可以加很多学分，又有利于评优、评先……于是，我毫不犹豫地跑向了政教主任林国强老师的宿舍。他刚好不在，是他爱人接待了我。我说明来意，她微笑着接过钱，目光中透露着赞许：“好的，等林老师回来我就告诉他！”并让我留了班级和名字。

我满心期待地等到了下一周的晨会，可是晨会结束了，林老师也没提到我的“拾金不昧”。我暗想，可能是这周要讲的事情多，对我的表扬安排在下周了。到了下周，依然没动静。又过了一周，还是老样子……我好失落，难道是林老师的爱人忘了告诉他了？或者是把我的班级、名字给掉了？或者是我捡的是假钞，表扬已失去意义？想来想去，却又不敢去问他……后来这事就不了了之了。现在，我终于在这封信里找到了答案：

“……杨老师，当我母亲把您的事告诉父亲时，父亲那时正在装修学校统配的套房，很缺钱，就私下里含含糊糊地把那一百元给占用了。作为一个教师，这是很伤师德的。人就是这么奇怪，一向清贫却严于律己的父亲竟在有了套房的压力之下昏了头脑，一时的冲动让他做了不该做的事。其实一年之后父亲手头就宽裕了，但已没有脸面去‘表扬’您了，他鼓不起这个勇气。随着时间的推移，他不但没淡忘此事，反而更让它时时地缠住心灵。退休后他一直郁郁寡欢，身体日渐衰弱。他说对不住您，更对不住那位丢钱的学生，因为十年前的一百元对于一个学生来说，可是一笔不少的生活费啊……现在他感觉自己病得不行了，唯一的心愿就是向您说清此事，并按十倍的数额还您一千元，略表自己的忏悔之心，请您原谅他，这样他死也瞑目了……”

我读着读着，心情变得沉重了。每个人的一生难免会犯错，能够及时改正或获得弥补其实也是一种幸运和幸福。看到林老师为自己的错误艰难地跋涉了这么多年，仍然承受着煎熬，面对他的忏悔，我没理由不去看望他，没有理由不带去我的谅解。如果我对此无动于衷，那将来后悔的很可能就是我了……

第二天我就请假赶到了林老师的病房。我能来，他既惊讶又激动，但他虚弱得只能斜靠在床头，想开口说些什么却说不出来，眼里噙着泪水。

我连忙上前，握住了他的手：“林老师，这么多年来我也要向您忏悔，因为那一百元并不是我真的捡到的，而是我从舅舅那里借来的。故意说捡到，是想被学校表扬，加学分，记入档案……”说了这些话，我如释重负。

“啊！原……原来这样啊！”林老师竟坐了起来，非常惊讶地说出话来。

“是的，正因为我做了亏心事，所以我一直就不敢去问您。后来想，我那一百元就该被您没收，这是我弄虚作假的代价。假如当年您真的在晨会上表扬我，成全了我的欲望，我大概一辈子都不能安心，那代价就大了。林老师，请您原谅我，我也要感谢您！这一千元，您务必收回！”

“不，不，既然那一百元是你借的，这一千元你更应该收下。十年了，虽然给你增加了十倍，但我清楚这无法抵消我的错误，只求你领受我的心意！”林老师一下子精神了许多，他的双脚不知何时已踏到地上站了起来，“今天你能来是我的造化啊，医生说我的病很大程度上是心病，你看我现在清爽多了，这个药方是你带来的，真的很感谢你……”他边说边欣慰地拥抱着我……

回来后，我就把那一千元捐给了希望工程。不多久，林老师也康复出院了。经历了这次波折，我和他竟成了忘年交，我们时常联系，无话不说，只是我永远不会告诉他，当年那一百元是借的，这是一个谎话。

让一个真心忏悔的人继续活下去，我愿意说谎。

（注：文中人物系化名）

随笔

一个孩子的“理想”

这是一堂二年级的说话课，老师让学生说“我长大了干什么？”学生纷纷举手，有的说要当警察捉小偷，有的说要当科学家发明东西，还有的说要当解放军保卫祖国，等等。老师高兴地表扬他们勇敢、有志气。这时，有个小男孩举手说：“老师，我长大了要当——爸爸，当爸爸我要对妈妈好！”这个“理想”出乎老师的意料，她愣了一下，显得有些尴尬，忙说：“小小年纪怎么能这样想呢，坐下！”小男生满脸的失落……

看了这段教学实录，我为学生积极主动地学感到高兴，更为那个小男生的“理想”所深深触动。在他那稚嫩的回答中透露着清纯、善良和充满爱的童真。从中我们不难看出他父母感情的隔膜已经在他的心中留下了隐隐约约的印痕，或许他烦恼过，迷惘过，现在他信任自己的老师，勇敢地站起来表达出了内心真实的感受和美好的心愿，这是多么率真而又实在的真情表露啊！可以说，我从他的身上看到了大人所不及的“真善美”。

可是，这位老师的话却不能不让我深思：为什么“小小年纪”不能这样想？是因为这样想有悖于常理？是因为这样想有早熟的嫌疑？或者是因为这样想根本就不是一个“理想”？这真让我感到惊讶和遗憾，为何这位老师就体会不到其中纯洁无邪的“童真”？她面对的可是一个八九岁富于幻想的孩子啊！但不管什么原因，有一点我是确信不疑的，那就是这位老师少了一颗与孩子心心相印的“童心”。因为没有童心，老师就容易以成人的世俗的所谓“成熟”的目光去看待孩子的一言一行，看到的只是自己内心成人化的意识在孩子身上的投射，而看不到孩子的天真与可爱。于是，简单而干脆地否定就常常轻易地伤害了这些亟待呵护的童心。老师这样做不管是否有意，终将会给孩子留下许多负面影响。

对此，我们有理由提出，小学老师都应该具备一颗童心，这不但影响着教学的质量，而且更会影响着每个孩子的健康成长。有人评价著名的特级教师于永正是“成人派往儿童精神世界的友好使者”，这正形象而有力地说明了于老师的成功首先就在于他拥有一颗不泯的童心，从而赢得了所有孩子的真心。因此，我们应该蹲下来，用孩子的眼睛去观察孩子的世界，用孩子的心灵去体验孩子的喜怒哀乐，允许每个孩子都有自己的思考、发现和表达。无论他们的想法是多么“离题”、荒唐或出人意料，我们都应该给予真诚的理解和鼓励。总之，别伤害了“童心”，无论对老师，还是对学生，这都将是一种成功和收获。

写到这里，我便想对那个小男生说：“你是一个很有爱心的男子汉，老师为你妈妈感到高兴！”我想，他一定会开心地笑起来的。

教育，岂能让学生“保证”

有些教师在学生犯错或反复犯错时，就会让他们写“保证书”，笔者以为这种做法甚为不妥。

一个最根本的原因就是：写“保证书”其实是一种社会性的行政干预与处罚手段，极不适合运用在受教育的未成年人身上。尤其是小学生和初中生，其年龄特征决定了他们对自己的行为是无法“保证”的。再说，有些学生的辨知能力和自控力比较差、情绪不稳定、易冲动，等等，其本身在学校学习、生活的过程就是不断矫正“错误”、逐渐成长的过程。教师在这一过程中应起沟通者、引导者、呵护者的作用，让学生在平等、民主而又真诚的交流中明辨是非、体验积极向上的情感，促使他们主动地去纠正前进的方向。假使教师用一张“保证书”来简化甚至取代自己的教育作用，往往会产生如下几种结果：

其一，学生体会不到教师的关爱，只会感受到教师所谓的“权威”对他们的压制。其结果或许让学生表面上“服从”，而实际上却使他们更为抵触与叛逆。

其二，学生体会不到平等，只会感受到自尊上的伤害。师生之间一旦没有了平等，也就不会有真正的沟通，“保证书”常常堵塞了学生内心世界的真实展露，把学生的心里话和许多问题的根源给隐藏了起来。这不是化解学生的问题，反而是强化了问题的存在。

其三，很容易让学生产生“破罐子破摔”的心理。因为既然是要“保证”，那就不得有下次，哪怕学生是无意的。可学生毕竟是小孩子，“犯错”在某种程度上可以说是他们成长过程中的“天性”与权利，是很正常和普遍的事。现在，经教师这样一强制，反而让学生在心理上没有了回旋的余地，无论是否有意违背“保证书”，都使学生觉得自己就这样了，改不了了，觉得自己的“错误行为”已无可救药了。如此，就给了学生一个为“错了又错”找借口的机会。一旦有了这种意识，一而再，再而三，最终难免造成有些教师所谓的“屡教不改”了。

可以说，让学生写“保证书”，要么是教师初为人师时的一种没经验的做法；要么是教师的教育能力不足，以致教育方法“捉襟见肘”；要么是教师厌倦教育学生，应付学生的表现。无论何种原因，其结果大都是既“伤”了学生，又“伤”了教师自己。即便有些学生因写“保证书”在行为上有所改变，但在心灵上却与教师阻隔了，疏远了，对抗了。教师这种只想“一锤定音”、只想让“保证书”像打预防针那样使学生产生长久的抵抗“错误”的免疫力的做法，实质上是不现实的，是违背教育规律的，也很轻易地就把自己推入了与“德育”背道而驰的陷阱。如果学生经历了第一次写“保证书”没有效果，那么，用他们的眼睛去看教师，那就是“老师已经拿我没办法了”，这样一来，教师今后的一切教育措施难免会变得形同虚设。这是教师自己给自己设置了教育的障碍。有些教师总是埋怨这些学生是“不可救药”的“差生”和“问题学生”，孰不知学生的有些不良习惯形成的“导火线”却是教师点燃或帮助点燃的。

为此，教师也应当从自我身上去审视、去思考：我们是否忽视了教育本身就是个艰巨、复杂、长期的过程？毋庸置疑，这些“问题学生”自始至终更需要教师用心灵、用爱心、用耐心去悦纳和疏导他们的所作所为，并推心置腹同他们一起制订出具体、明确的行动计划，尽量让每次计划难度小些并可实现，一点点、一步步地让学生体验和积累小成功，感受进步的快乐。不可让计划模糊或太大，否则不易完成就会不断强化学生的失败。假使学生因某种原因不能执行或完成不了计划，也不要指责或惩罚他们，因为指责和惩罚大都只有一个结果，那就是把学生推向了教育的反面。无论学生做了什么、说了什么，教师都应在学生尽力让教师放弃时，继续表现出坚持到底的态度。永不放弃将会使学生相信教师是真正关注和爱护他们的，学生通常在确认教师不会放弃之后，才会开始作出努力。

总之，无论何时，教育都应该是用心灵塑造心灵，用爱心播种爱心，用真诚唤醒真诚，用行动引导行动——它不应该也没权利让学生作出预先的“保证”，能够保证的是，只有教师心目中真正有学生，学生才能真正感受和接纳“教育”。

你凭什么让学生难忘

那次朋友聚会，聊一个话题：小学时，哪位老师让你难忘？

有说英俊潇洒的，有说幽默风趣的，有说认真严格的，还有说知识渊博无所不知的……

但也有朋友认为这些特点不算什么，从大的范围看，也很普遍。就算有印象，也只是一般的感觉。正当双方为此各抒己见时，朋友章花的话引起了大家的兴趣。

她说："毕业班的班主任黄老师让我难忘。我本是班长，他接班后，把我换成了副班长。"

"这么说，你的难忘是'怨'他吧？"我问。

"没有呢，倒是他做的另一件事让我至今记得。那是在拍毕业照，轮到我时，他伸手轻轻地把我额前的刘海拂得整齐些。十多年了，我一直记着这个细节。至于其他的情景，却没多大印象了。"章花脸上泛起了红光。看她兴奋的样子，我们好像也感受到了那个细节正穿越时空带给她新鲜如故的快乐，犹如刚发生在她身上一般。这不能不让我为之触动：一个小学老师，能让学生一直珍藏的，不是讲了什么道理，也不是课上得多么的认真周全，习题考卷讲解得如何精彩到位，而是课堂之外与教学无涉的一个小小的"动作"，这的确值得思索！或许在黄老师的心里，他早就忘记了这件小事，甚至当时做它时，也可能只是无意间的一个平常举动而已，但对章花而言，却是刻骨铭心的。其原因何在呢？

章花说出了自己的感受："这个小小的动作，让我体会到了黄老师是关心我、在意我的，而且这种关心和在意看得见、摸得着。我觉得他是个观察仔细、心思细腻的老师。不管他实际上是不是这样的人，我都会根深蒂固地认为，他能站在学生的角度，想孩子之所想。他不只是为了教学，他重视的是学生这个人！"

我说："黄老师所做的，是一个触动心灵的动作，是一个人性化的细节。"

章花高兴地点点头："对，现在想来，就是这样的感觉。对我来说，特别有感染力！"

这个话题也让我想起了多年前的一个女生。她读二年级时，我只是教她一周两节的美术课。三年级她转到外地，五年级又转回原班，但我已不教这个班的美术了。我对她有些印象，有一次和她班主任陈老师说起她，陈老师却是一脸的怨气：唉，这个女生很不乖，常说谎不完成作业，女孩子也这样，真不像话。当时我听了有些惊讶。过了半年，陈老师请了孕假，学校安排我接这个班。开学没多久，这个女生就给我写了篇周记：

"杨老师，自从这学期给您教，不知怎么，我的心就特别平静，特别开心，也许是您教得好吧！以前在陈老师的教导下，我一句话也不敢说，也不敢动。遇到她，就像老鼠遇到猫似的，非常害怕。二年级我也曾给您教过，后来我转走了，以为永远见不着您了，如今，又能和您相遇，而且还是您的学生！还记得吗？二年级时的一节美术课，您从我身边走过，看见我的画高兴地说画得不错，帮我修改了一下，还要让我自己选择分数，我不好意思，后来还是您帮我选了95分。我一直记着这事，谢谢您，杨老师，我觉得您很亲切！”

看了周记，我很是感慨。虽然我不清楚她和班主任之间的具体情况，但我明显地感觉到在我的任教下，她并没有不完成作业或是很不乖的表现，为何她对两个老师的感受和态度相差如此之大呢？我想，有一个原因是显而易见的，那就是在她读二年级的记忆中，我这个美术老师对她的亲切，尤其是那个“让她自己选分数”的细节已“触动”了她的心灵。我当时这个犹如“玩笑”和“游戏”的做法能为几年后的师生关系种下“善根”，这是我意想不到的。如果想探寻当时这样做的动机，我可以明确地说，我只是喜欢随机地用有趣放松的方式同孩子进行交流沟通而已。但这样的细节同前文黄老师的那个“动作”一样，是不好全盘照搬的，因为并不是每个孩子都能对此有感觉。而且，有些人可能还会觉得这类细节根本就不是一种教育方法。比如黄老师的“拂刘海”，要是学生没“刘海”或者“刘海”已经很整齐了怎么办？再比如，你让学生“选分数”，学生如果选100分，那教师评价的科学性、权威性如何体现？岂不成了儿戏？

这正是我在本文结尾所要阐明的看法：能触动学生心灵的教育，并无所谓的“方法”和“技巧”可套用，当你把一个个成功的教育细节归纳成条条框框的“规则”与“定律”，并企盼着放之四海而皆准加以推广时，反倒容易走向了“循规蹈矩”与“死板僵化”，不但效果越来越小，而且更可能出现“反效果”。其实，类似上述例子的成功教育往往“一反常态”，看似心不在焉、无所目的、和教育本身无所关系，却最能在无意之间投“孩子”之所好，生成富有“情趣”的细节，从而轻松地在孩子的心灵中铭刻下久远的印记。

尽信“师”，不如无“师”

由于工作上的需要，我有时会去兄弟学校听课，在这期间，有一种现象不能不引起我的注意和思索，那就是每每与学生谈话时，总会听到他们说“这是我们老师说的”、“我们老师说是这样”，很少有学生说“我觉得……”、“我认为……”

虽然这只是一种简简单单的说话形式，但是从中不难看出我们的学生对教师的迷恋与依赖。实际上，这就是唯“师”是从的表现。比较典型的就是：教师怎么说，学生也怎么说，教师让学生怎么做，学生就怎么做。总之，学生完全听从教师的命令和安排，将教师的话奉为教条，绝对服从教师的“权威”。

难道我们的学生天生就如此吗？不，可以毫不夸张地说，这都是有些教师对他们从小到大“潜移默化”的结果。

一直以来，从儿童入学伊始，我们的一些教师就以“听话的好孩子”来评价学生。听谁的话呢？那就是听教师的话。于是，小小的心灵从此就深深地刻下“不听老师的话就是坏孩子”的“守则”。如此一来，在课堂上，我们的孩子争做“守纪”的好学生——个个正襟危坐，凝神屏息，洗耳恭听，大脑随着教师的讲解、提问进行“循规蹈矩”的运动，很少有学生“插嘴”，他们只能被动地接受教师的“金口玉言”。其结果便是有人所说的：“中国孩子缺乏主见、挑战和创新”，而这正与素质教育相违背。

古人言："尽信书不如无书。"假使我们的学生尽信"师"，那就不如无"师"了。也就是说，与其让学生养成唯"师"是从的性格与习惯，不如别对学生造成丝毫的影响。因为唯"师"是从的后果是抹杀了个性，禁闭了学生的个性语言，禁绝了学生的个性行为。蔡元培先生说："教育者，与其守成法，毋宁尚自然；与其求划一，毋宁展个性。"这不能不让人深思啊！

我们现在的教育者，是继往开来的教育者，肩负着"素质教育"的神圣使命。剔除我们学生身上的唯"师"是从、趋同"权威"的思想，培养他们的创新精神和挑战意识，这是我们的一大使命。因此，我们必须做到：不要用我们的思想来钳制学生的思维，要向学生多问几个："你觉得呢"、"你认为呢"；要多鼓励学生不轻信、不盲从，使其勇于向教师和课本挑战，大胆质疑，敢于批判，不怕张扬个性；要教会学生"对一个人、一种行为、一种现象，心是怎么想就怎么说"。

从一道"特殊"的作业看"家庭教育"

那次双休日，我布置了一道"特殊"的作业：让学生吃饭时给家人盛饭、夹菜，有感受的记下来。等到把学生的感受收上来看时，我发现，从中可以折射出当前家庭教育的四种状况，现记录如下，或许家长们从中能有所得。

A生：……当我给爸妈盛饭时，妈妈就夺过碗生气地说："别捣蛋了，你会把饭掉得满地都是的，还是像平时那样乖乖地坐在桌边等着！"我听了，再也没兴趣去给他们夹菜了，这顿饭我吃得很扫兴……

B生：今天，我第一次给爸妈盛饭，还给他们夹菜，爸爸妈妈都觉得很奇怪，爸爸用怀疑的目光看着我说："今天真是太阳从西边出来了，是不是考试考砸了？怎么一下子就变乖起来？以前都没有这样的！"我听了有些生气，说："这是老师布置的作业！""什么，这是作业？"妈妈有些惊讶，"不读书不写字，盛饭夹菜也能提高成绩？你这个老师怎么啦，会不会教书啊？"……听着爸妈的牢骚，我心里很难受，他们总是不相信我也想着学好，还时常唠叨，真让我烦！吃了半碗饭，我就不声不响地上楼去了。

C生：……爸爸妈妈都要上班，工作也挺忙的，每次吃饭总是来也匆匆去也匆匆。我今天又盛饭又夹菜，感觉能为他们做点事心里很高兴，可是在饭桌上爸妈除了急急忙忙地吃饭，就是聊些厂里的或工作的事，对我做的事也没说什么，好像没有发生一样。我觉得好失落啊，为什么他们就不表扬一下我呢？我要求的不多，哪怕就一句提起的话……

D生：那天，我早早地就在厨房里等着，终于爸爸宣布开饭了，我连忙拿起碗给爸妈还有奶奶盛饭。爸爸一下子笑眯眯地看着我，奶奶也乐哈哈地摸着我的头说："我的小孙女真乖，奶奶可要多吃一碗饭了！"我听了好高兴啊！吃饭时，我就给他们夹菜，妈妈也忍不住一边给我夹了喜欢吃的东西，一边说："晓晓越来越懂事了，妈妈高兴呢！"这一整天，我看着家里人那么高兴的样子，心里感到说不出地快乐。原来，把关心送给别人时，自己也会获得快乐……

从上述摘录的短文中，我们不难看出，A家长那看似不经意的"呵斥"与"拒绝"，不但使孩子失去了一次"正当"的自我表现的机会，还会因此让孩子无所适从，让他们感觉自己又做错事了，这既剥夺了他们对美好情绪的体验，又压抑了他们富于好奇和喜欢尝试的正常心理。生活中，这类家长有意无意地总喜欢用"挑错"的、"挑剔"的，乃至一成不变的目光去看待孩子的所作所为，在他们的眼里，孩子总是顽皮的、捣蛋的、找麻烦的，与其让他们"惹是生非"，不如让他们什么也别做，凡事都由家长来"包办"，等孩子长大了再说。因此，在孩子一天天的成长中，家长也就忽视了或"看不到"孩子很多"新表现"背后隐藏着"积极向上"的意愿。当孩子没能把成长中的"能量"

释放在长辈引导下的“正确”的事上，没能体验到被赏识、被肯定的情绪时，他们难免就会把这些“能量”用在搞破坏上，用在“破罐子破摔”上，以求引起大人的关注，哪怕被责骂。久而久之，孩子就越来越模糊自己哪些该做、哪些不该做了。

再看B家长，他们对孩子又多了不信任，多了大人自以为是的讽刺和挖苦，而且对孩子的学习要求也理解得过于狭隘，只重视读书写字，只重视考试分数，忽视了与孩子的情感交流与沟通，忽视了孩子“情商”的发展，忽视了孩子首先作为一个“人”的心理需求——他们在生活中也同样需要心灵的抚慰、信任、赏识与鼓励……

家长C虽然没有前两者的“言语偏激”，但对孩子的积极表现却视而不见，给孩子的是冷漠，是无动于衷，这对孩子的伤害同样是不容置疑的——其实家长的这些做法正是孩子产生某些“问题”，乃至引起叛逆心理的“温床”，也正是有些“问题孩子”“屡教不改”的原因所在。

我常常觉得，当孩子出现某些不良表现时，家长首先应该在自己身上找原因，反思自己的言行举止——自己时常关注孩子了吗？自己会在日常生活中努力去“看见”孩子点滴的积极表现吗？自己是否也像D家长那样，真诚地、及时地、恰如其分地对孩子“日日更新”的行为作出“反应”，给予孩子赞赏和鼓励呢？其实，有时候哪怕就那么一两句话、一个眼神、一个微笑，给孩子的却是心灵的烙印和精神的动力，从而自然而然地引导他们一步步地走向正确的轨道！真的，孩子也是家长的一面镜子，有人曾说过：“每个‘差生’的背后都有一个‘不合格’的家长！”虽然事情并不是那么绝对，但是孩子的成长的确和“家庭教育”息息相关。

写到这里，我只想说——家长，我们给了孩子什么，孩子终究会还给我们什么！不要为自己找借口，说自己没时间、没精力关注孩子，要是我们现在不去点点滴滴地影响孩子，那么我们就只能在不久的将来准备为孩子带给我们的“麻烦”而烦恼和后悔了！

为何多数教师“搬用抄写”现成教案

作为一线教师，据我了解，多数教师在教学中一般都是“搬用抄写”现成教案。这种情况如果简单地从表面去看，好像是这些教师很懒惰，没创造性，对教学持随意应付态度。其实不然，原因如下：

一线教师日常教学工作繁忙，每天至少有两三节课，有些地区可能还多些，除了上课，还要及时地批改各种作业，辅导学生，等等。另外，多数的语、数教师还是班主任，每天要做的事情就更多了，再加上有些教师还要料理家务，照看老人和孩子，而年轻教师也需要自己情感交往、娱乐休息的时间，因此，根本不可能像开一节“公开课”那样，多方面、多渠道地去收集材料，再进行比较选择、构思创造，然后反复地修改润色，最后定稿书写成详细美观的教案来。如果每篇课文的每个课时都这样做或类似于这样做，那备的课肯定也是远远不够用来上课的。如此的“备课”与“写教案”只会使教师疲于奔命，这在现实中是很难实现的。至于那些“名师”和参加“上课比赛”的“优秀教师”像上述那样的备课，那也只是在一段时期或更长的时间里才“备”出那么一节或几节有代表性的“精彩之课”，要是让他们在日常的教学中都这样去做，不知有谁还能真正做到？又有谁还敢主动站出来承诺？

打个比方，我觉得各式各样的“公开课”就像特别时节举办的“宴席”，虽然风味各异，但都要花较多的人力、物力、财力去精心准备，而教书育人很多时候却是体现在日常的“上课”上，它就像家常便饭，虽然多数是平平淡淡、朴素无华，但却是最能长时间地滋养人的——天天“摆宴席”既没必要，也是不可能的，否则不是累坏了“摆”的人，就是撑坏了“吃”的人。

因此，那些现成的教案集，特别是比较好的这类出版物成了一线教师的必需品，也是很自然、很正常的事了。它或多或少为教师们提供了比较适合师生实际情况的教学资源，从而节省了教师备课的时间和精力，立竿见影地减轻了教师不必要的负担。这对出版者、作者与使用者都是有益处的，也可以说是互利互惠。

其次，教师“搬用抄写”现成教案，也是为了应对学校不合理的教案检查形式。很多学校每个学期都要检查两三次教案，根据检查的结果评出等级，记入年终考核，和奖金挂钩，这看起来好像很重视抓“备课”的质量，而实际上检查时只看教案的详略长短、字迹是否端正漂亮、卷面是否整洁美观，至于教学理念的展示、内容的构思、过程的设计等，检查者就没怎么看或是根本没看。其实他们是既没时间看，也看不出什么名堂来。再说，他们也心知肚明教师是没时间也不可能去“创造”自己的“教案”的。反过来教师也知道，即便是“原创”的，也多数比不过“搬用抄写”的，而且检查者也不一定就能看得出来是“原创”的。在这样的形势之下，“搬用抄写”现成教案也就成了明智之举、最佳选择了。

有意思的是，大家都是抄教案管抄教案，上课管上课。如果你问一个教师，你抄的是什么内容、什么意思时，他多数自己也不清楚，因为他没注意也没思考所抄教案的内容，只是按部就班地完成这些“文字”的抄写，把它们从教案集上原原本本地或偷工减料地取百分之多少“搬”到学校统一发的备课本上，等学校那看似郑重实为走马观花的检查过后也就万事大吉了。而真正在课堂上用到的“备课”，却是教师在上某课之前利用课间或空闲时间用心去看现成的教案和参考书，并快速地思考、构思，并进行适当的取舍、修改与再创造，同时还会在课本上做些相关的笔记，理清自己的思路，以作为提示。做这一系列的“动作”无须花费多少精力就可以完成，既轻松又实用。这才是教师真正去做的“备课”，虽然花的时间少，但都是认真的。其质量的高低，更多的是体现在一个教师平时基本功的锤炼与阅读学习的积累上。由此，我认为，一所学校的领导如果能够从对教师“纸本”教案的反复检查中解脱出来，去关注和督促教师日常的阅读与学习，那么教学质量肯定会比原来的要好。假使教师不读书或没时间读书，而学校也不去注意这点，即便教案检查再频繁，也是徒有形式罢了。

因为是形式，所以一线教师的备课，难免就会像有些做假账的会计那样，准备两本账本，一本是为了应付上级的检查，漂漂亮亮，却是假的，另一本是真实的记录，鲜活的、充满激情的，却只为自己用。

从我分析的这个角度去看，教师的这种“弄虚作假”与“应付态度”却是在情理之中。要知道，面对滑稽搞笑、华而不实的种种检查，教师如果还是一本正经、脚踏实地地去对待，那反而是一种无言的悲哀，更是对教育的亵渎、对教师自身生命资源的浪费！

总之，在这样的现实下，教师的教案必然准备两种，假的是对付检查的假，真的是针对课堂的真！

如果你这样做，基本上是失败的

前不久，一位教师朋友拿了一篇学生的小作文给我看，让我谈谈看法，提提意见。原先我以为他要我点评一下作文，等看了之后，我就明白了，其实他是另一种意思。这种“意思”正是我一直想探讨的问题，而这个学生的这篇作文刚好点中了问题的要害。至于是什么问题呢？我们还是先来看看这篇作文的具体内容吧：

几个星期前，在一节语文课上，我听着听着，就在下面偷偷地跟同桌易新讲起话来。被老师看到了，他停了下来，很生气地说：“吴燕，站到这里来！”说着，指指讲台右边的角落。我就自觉地走出座位，站在了那里。因为我知道我已经是第二次站在那里了，我不会再哭了。我站在那里听了整整一节课……中午到食堂打饭时，沈小新对我说：“吴燕，你怎么这么坚强呢？如果是我，早就哭了。”我说：“我已经是第二次了，所以我也就不会哭了。”沈小新羡慕地说：“你这一点值得我学习！”我听了心想：我这一点可以值得她学习，我很高兴，为自己感到有些自豪！吃起饭来，也觉得挺有味道的。

这位朋友说，这个学生上课好讲话的毛病总是改不过来，以前曾提醒过她多次，后来有一次终于忍无可忍，就把她拉了上来，当时她很伤心地哭了。朋友以为这样做对她能有所震慑，没想到她还是老样子。第二次，朋友习惯性地又叫她站到那个角落，本想使她再次经受难堪，以促使她改掉老毛病，没想到她的感受和第一次反差竟这么大，不但没了羞愧与难过，还感到高兴与自豪。说到这里，朋友显得有些无奈地说，到底能不能进行“处罚”呢？怎样的“处罚”才能有效呢？如果不“处罚”，那对这类学生该怎么办才好呢？总不能不理不睬，顺其自然吧……

朋友的这些问题，正是我在文章开头提到的一直想探讨的问题，它具有相当的普遍性。首先，我不反对恰如其分的“处罚”，但是我认为必须把这种“处罚”换个提法——应该是对有某些不良习惯的学生进行必要的行为上的“限制”与“引导”。从这个学生的作文中，我们不难看出，教师不恰当的“处罚”，尤其是以伤害学生的自尊为手段的“处罚”，无论是否有意，其结果都可能迫使学生走上两个极端：一种是自怜自艾，陷入胆小愧疚、自卑退缩的泥潭，有些还可能造成难以抹去的心理阴影，影响到他们的成长，甚至一生；另一种是由于教师的“伤他自尊”，反而让学生自动地放弃自尊，不要自尊，对教师的任何做法都无所谓，严重的还会变得如同一些教师所判定的那样“厚颜无耻”、“无可救药”，并乐此不疲地同教师对抗到底。朋友的这个学生好像就有这样的发展趋势。她对朋友这样的“处罚”已有了免疫力，从第一种过渡到了第二种，让朋友进退两难、骑虎难下。更值得我们警醒的是，学生的这种表现还会成为一种学习的榜样，吸引着一些处于同样境地的学生的积极效仿。从这个学生的作文中我们也能看出这个端倪。

为何会这样呢？原因在于："伤自尊"的"处罚"，说到底，也就是教师采用的一种"精神暴力"，企图在精神上挫伤学生，让他们屈服，以求达到控制学生的目的。而学生呢，除了一部分受伤退却、表面上唯唯诺诺服从之外，大多数都会本能地运用"以暴制暴"的方法来反击教师。由于学生是弱势者，特别是小学生，在地位和力量上无法同是大人的教师相匹敌、相抗衡，因此，他们的"暴力"就会转变成另一种形式——"软暴力"，像朋友的这个学生一样，第一次被拉上去会伤心地哭，第二次就不用教师拉她也会自觉地上去，我想，要是下次朋友又斥责她上课乱讲话，说不定她不等朋友叫她上去，就主动地很自豪地站起来走到那个角落舒舒服服地站着了。这样的话，朋友不尴尬才怪。要知道，当一个学生可以不要"自尊"时，那教师还怎么去伤他的"自尊"呢？这样的"处罚"只能成为教师的一种自我嘲弄。要是这个学生站在那里一直就不下来，就算教师软硬兼施她也无动于衷，那就轮到教师的"自尊"受到伤害了。此时此刻，所谓的"师道尊严"也就会一文不值了！

学生是学着长大的，教师给予他们什么，他们就有可能还给教师什么，如果教师总是从"伤学生的自尊"中获得快感和威严，那么学生自然而然也会学着从"对抗教师尊严"中获得成就和快乐——当师生关系走到了这步田地，即使教师有千万条理由，其教育也是失败的。说教师自作自受、误人害己，也是不为过的。

我觉得，教师要想避免出现上述问题，避免和学生走到不可收拾的地步，在教育学生时做到"换位思考"是至关重要的。我一直认为，绝大多数的学生，特别是所谓的"问题生"存在着这样或那样的问题，其实他们都不是故意和教师过不去的，总有“问题”存在的主客观原因。当一个教师能够站在学生的角度去看待问题和分析问题时，他就会去思考：学生为何会这样呢？是哪些原因促使学生这样做呢？学生这样做的深层目的或潜意识又是什么？假如自己现在是这个学生，最需要教师怎样对待自己呢？用什么方式既能改变或慢慢地改变学生的不良行为，又能让学生信任自己，而不会疏远甚至对抗自己呢？等等。

当我把上述的想法告诉朋友时，朋友说自己其实也是明白要“换位思考”的，可是，一遇到这类“问题”就忘了或懒得去想去做了——我也很清楚，像朋友这样的情况也时常表现在很多教师特别是年轻教师的身上，在教育的一线普遍存在，只是没被公开公布罢了。这不能不让我思索，这类教师的教育行为为何变得如此的简单化？难道仅仅归结于他们师德不高尚、教育能力差、方法死板吗？据我多方面地深入了解，事实上并非都如此，因为这类教师中的大多数人也曾对教育、对学生充满耐心与激情，也坦言自己的这种行为是不对的，而且事后也后悔，可再次遇到此类“问题”却又会老样子。如此矛盾的心理和做法，究其原因主要有以下两个：

首先，这些教师感觉到日常的教学工作和生活既烦又累，什么开会、备课、改作业、教学常规检查、教研培训、职称评定、论文评比、优质优秀选拔等杂七杂八、繁重琐碎，已够让他们手忙脚乱、焦头烂额了，哪还有什么心思和精力去“换位思考”？哪还有什么耐性去慢慢地教育学生、解决问题？在这种力不从心的状态下，只好孤注一掷采用“极端”的方式来处理。从这点来看，只有真正减轻了教师不必要的负担和压力，才能有利于教育质量的提高，有利于学生的发展。然而，现实总是不尽如人意，当前常听到的是减轻学生负担的声音，这不过是隔靴搔痒，其实要减轻负担的是教师，这才是根本！所谓“皮之不存，毛将焉附”，正是这个道理。

其次，有些教育部门和学校领导一直都极为重视关乎“考试升学”的“教学”，总是想方设法采用各种可以量化的考核来评定和表彰一个教师的教学成绩，迫使教师只能陷在对学生的平均分、及格率、优秀率等的追逐中难以自拔，迫使师生们只能长期地在“应试教育”的泥潭中滚打、挣扎、彷徨……以致就出现了这样的情况：要是去教课文、讲试题、辅导学生做作业和练习、组织学生竞赛考试等，以提高学生的成绩分数，那教师可以说是全力以赴、不屈不挠；一旦要让教师去“关注”和“引导”一些“问题生”的行为、心理和思想时，教师就没了兴趣、耐性和精力，往往用简单或粗暴的方式去对待了，严重的还可能出现体罚与变相体罚。

归根结底，这和整个大的教育环境、教育导向不无关系。我们的教育部门和社会舆论历来都不大重视“育人”，不大重视倡导教师对学生行为、心理、思想等的“引导”，导致学校里所谓的“德育”，就如同前几年呼唤和推行的“素质教育”一样，看似有逐步重视的趋势，实质上却只是停留在表面上的形式，并没有像对“教学”、对“应试教育”那样真抓实干、看得见摸得着。据了解，在多数的学校里，如果一个教师花了很多心思在“问题生”上，领导一般是看不到的，有些也不会去看；如果在教学上提高了平均分，白纸黑字，那领导一眼就看到了，就会表扬他勤奋上进、教育能力强，那他获得名利的机会也就大大地增加。在这样的“大气候”

下，有些教师自然就没精力和兴趣去“育人”了，因此，在教育的细节上也就很难做到“换位思考”。

从上述角度看，教师“教育行为”简单化，乃至出现体罚或变相体罚，也是“应试教育”和“以学生成绩高低来评价教师”所导致教育畸形的产物。所以，只有真心诚意地从教育的“大环境”上去剔除“应试”弊端，建立科学的教师评价体系，才能引导广大教师在不忽视“教学”的基础上，更加自觉用心地“育人”。

当然，还有一类教师是根本就考虑不到要“换位思考”的，这主要是教师的观念问题。这类教师习惯以自我为中心，心存“教师主义”，总以为课堂就是教师的课堂，自己心里有一把尺子，用自己主观设定的准则去丈量着学生的一举一动，苛求学生只能这样，不能那样，凭自己的性情和喜好想怎么做就怎么做。其结果基本上是出现越来越多的矛盾，而伤害学生的情况也就在所难免了。这类教师只有等到碰了几次壁后才可能有所醒悟……不过，这类教师还是少数的。

现在，我要告诉大家的是：在现实中多方面的压力暂时无法改变的情况下，如何还能充满兴趣地去做到“换位思考”呢？我认为有一个办法比较好，这也正是我近年来一直坚持在做的，那就是把这类需要“换位思考”的教育生活事件记录下来，写成随笔，这既是一种纪念，又是一种收获。如果不记，自己的努力什么也没留下，久而久之，就会感到烦躁和失落，觉得教育成了虚无，回头一看，什么也没有；而记了以后呢，我就会有意识地去做，边做边思考，使自己做得更好。做和写都能有滋有味，那是因为我每次回头，都能看到自己的脚印，哪怕是平常的、浅浅的……

一直难以实现的“心愿”

做一个小孩可真够繁忙的，
真希望能早点跨出童年的门槛，
让自己明天突然长大。

——题记

前不久，我的儿童诗《心愿》在福建教育出版社出版的《小学生周报》上发表。这首诗是我初为人师时写的，虽然时光流逝，但是，每当我重新读它，依然能体味到当时落笔成文时心灵的那种激情和纯净：妈妈，一定要整天弹钢琴吗？\那好吧！只要让我看《大风车》，\哪怕弹得十指发麻也愿意！\一定要整天练书法吗，爸爸？\那好吧！只要让我玩玩过家家，\哪怕练得双手发颤也愿意！\老师，一定要整天做题目吗？\那好吧！只要让我看本童话书，\哪怕做得头晕脑涨也愿意！\做一个小孩可真够繁忙的，\真希望能早点跨出童年的门槛，\让自己明天突然长大。

诗后附有编辑设置的“丫丫导读”——

艾晴老师这样点评道：诗歌从孩子的视角出发，揭示了孩子内心的神秘世界：一个终日被父母亲、老师困扰在形形色色的训练中、进而丧失了自己自由空间的小朋友，正为童年的乏味而烦恼，他的心愿是早日告别童年，让自己“突然长大”。多么单纯的想法啊，可惜在现实中却只能是一种奢望。诗歌语言通俗易懂，朴实中流露出孩子率真的天性，值得我们诵读学习。

施永川老师则说：诗歌中孩子的心愿是简单且朴素的，但是这些童年应该享有的心愿却被大人复杂且厚重的期望淹没了。大人渴望留驻童心，却在不经意间“拔苗助长”，让孩子远离了快乐的童年。从这个意义上讲，诗歌中孩子想“早点跨出童年的门槛”，希望“明天突然长大”，都是一种反讽的修辞表达方式，同时寄予的是能够还孩子一个快乐童年的美好心愿。

这首诗经过了这么多年，还能被编辑看中，说明了现实的教育教学仍然处于“应试”和“剥夺孩子自由”的状态。孩子从一年级一入学直到小学毕业，甚至到了初中、高中，就是陷在各种各样的“练习”、“考试”和所谓的“兴趣训练”之中。其实，即便这首诗没被发表，作为一线教师，对此我也是深有体会。走上工作岗位这么多年来，我发现，我们的基础教育基本上没什么大的改变，看重的还是考试和分数，看重的还是“比较”和“筛选”，离真正的教育还是存在距离。虽然真正的教育并不排除考试和分数，但它绝不会像现在这样，差不多都是为了考试、分数和升学率，唯独把孩子在成长的黄金时段应该重视的其他东西给忽视、剥夺和阉割了……可以这样说，现在的孩子已经没有我们小时候那么快乐和幸运了，就算他们的生活条件比我们那时好得多。

尤其是一到期末，每个老师更是摩拳擦掌，自觉或不自觉地投入到“复习”和“迎考”的战役中去了。这段时间，在学校中看到最多的就是学生做啊做和老师讲啊讲，其他的基本上烟消云散，而且差不多是全国统一。中国的孩子是最善于考试的，因为从一年级开始就进行训练，好像一旦没有经历这么多的考试就不是中国的基础教育了。

家长可能还不知道，其实多数教师这样做也是迫于无奈。我可以负责任地告诉父母们，对小学生来说，有三种最基本的兴趣一定要从小培养，那就是读书、运动和交往。读书明智，运动强体，交往健心，坚持下去，终生受益。如果一所学校只会沉迷于频繁的考试和追求一时的分数，往往不等孩子毕业，就已经消磨了孩子读书的兴趣。只看重考试和分数的家长、教师和学校，其实是孩子健康成长的第一障碍。中小学阶段是孩子长身体的关键时期，如果“运动”的兴趣没有被激发，反而受到限制和“封锁”，那或多或少会对孩子的将来造成遗憾或伤害。喜欢并坚持运动的孩子，相对而言要比没运动或不喜欢运动的孩子，在身心发育上要来得健康、乐观和积极向上。不会“交往”的孩子，容易没有朋友，不但在成长过程中问题多多，而且长大成人后，也很容易出现心理障碍。有心理学调查统计表明，多数成人的心理问题归根结底是其在人际关系与待人处世上出现了问题。孩子成长的过程是训练“交往”与“合作”的最好时期，一旦错过，一旦因为只会忙着应付考试和分数，或忙着应付大人强加于他们的种种“训练”而错过，那将是让人痛心的，到时也是没后悔药可吃的。就算孩子有一天考上大学，成了研究生、博士生，等等，也可能因为上述原因出现心理问题而走上了不归路，这样的新闻事例不也时常出现吗？在本世纪将可能越来越多！

很多家长、老师和教育部门领导都很看重对孩子的“教育效果”，乃至每一次教育行为的“效果”，而考试和分数最能马上看到这些所谓的“效果”，其实，这是很不科学的。教育，很多时候也是一种生活，更是一种体验和感受，这个过程的本身也是目的。现在有些家长、老师和学校都是把孩子的“小学”当做“中学”的准备，把“中学”当做“大学”的准备……把孩子的“童年”当做“成年”的准备，于是把正在进行的每一个“现在”和“当下”忽视了，践踏了，折磨了……这是很不对的！每个人来到这世界，都是很珍贵的，应该过好、体验好每一个阶段才是。因为每一个阶段都只能出现一次，过去了就无法再回来了。照前面的活法，那岂不是——活着，就是为了“死亡”的准备，那不如马上就死？如果把过程都简单化，活着还有什么意义？史铁生说过：“其实每个人的结局都是死亡，但不同的就是过程。”如果想思考人生的意义，那就必须重视和珍惜活着的“过程”，我们应该把“过程”经营好。人生就在于过程的经营，教育也是！要知道，结果会自然而来，我们不要急，还是多动些心思把过程演绎好吧！

看看当前的孩子们，又有多少想提早跨出“童年”的门槛？

孩子为何沉溺于虚拟世界

在日常生活中，有些教师和家长总会遇见个别孩子沉溺于电视、游戏机、电脑网络等虚拟世界难以自拔，他们常常把看电视、打游戏和上网QQ聊天等当做自己每一天的“必修课”，而且投入的精力越来越多，可以说这些虚拟世界都成了他们的“精神支柱”了。这些孩子为此损害了身心健康，浪费了时间，荒废了学业，让教师和家长伤透脑筋却又无能为力。据了解，面对这种情况，这些大人大都是要么苦口婆心地“摆事实讲道理”，要么就用强制的手段来限制甚至处罚孩子的行为，其结果不是毫无功效，就是适得其反。

为何会这样呢？问题在于这些教师和家长不了解孩子沉溺于虚拟世界的本质原因。孩子之所以会这样，是因为他们在现实的生活、学习和人际交往等方面出现了让他们难以解决的“问题”，而沉溺于虚拟世界，对他们来说是一种“最为合适和方便”的逃避现实烦恼的途径罢了。它是孩子出现问题的外在“症状”，不是问题本身的内在“根源”，是一种“表象”，而非“实质”！假使教师和家长对孩子只会“头痛医头，脚痛医脚”，紧盯着孩子的这些“症状”不放，那结果往往是“隔靴搔痒”，劳而无功，不但症状依旧，还可能会因为误诊或忽视了“病源”而进一步加重症状。

那么，透过“症状”看本质，这些孩子的“病源”究竟有哪些呢?

首先，对孩子来讲，学习在成长过程中占大部分时间，所以，最为常见的原因是他们在学习和学习的环境上出现了“问题”。这些孩子的学习一般是不好的，甚至是很差的，本来就很难从学习中获得些许的成功和快乐，而恰恰又处在一个很重视乃至苛求学习成绩（分数）的班级与家庭中，教师和家长总是用成绩的优劣来评价孩子，在这些大人的眼里，除了学习，孩子的其他方面的需求是次要的、无关紧要的、可以视而不见的。对学习好的，他们就会大加赞赏，特别看重和亲近孩子；对学习差的，他们就会时常挑剔、斥责，看似严格要求，实为有意无意地在感情上愈发疏远了孩子。孩子学习的好与坏，成了教师和家长对待他们态度好差的“晴雨表”。在这样的学习环境里，学习有“问题”的孩子除了时时遭受挫折和打击之外，就很难能从中得到什么收获了，甚至连一点儿成就感也体验不到了，这就使孩子在学习上主动或被动地放弃了应该为之积极进取的目标，而这些却又是孩子在成长过程中必需的，一旦长时间地缺失，再加上自觉不自觉地和学习成绩好的学生总是生活在掌声和鲜花中形成鲜明的对比，他们难免由原先的有所期待渐渐地步入了失落、失望、麻木的“泥潭”，最终对学校、班级、学习完全失去了信心和兴趣，一说到上课学习就会变得懒惰、散漫、心不在焉——而此时，如果教师和家长还是只会一味地批评、指责，大都会形成“越批越差，越差越批”的恶性循环，孩子除了痛苦、焦虑、忧郁，就只会本能地逃避学习，去找个虚拟世界来麻醉自己，因为那里有他的自由、自主、自娱自乐，以及期待中的成就与荣誉、关注与爱心，等等。当然，还有一种情况是孩子的成绩本来不错，因为某些原因，压力大了，成绩突然出现滑坡，孩子一时难以改变这种状态，变得惊慌失措，也会逃避现实，陷入虚拟世界以求忘却心理上的紧张和不平衡。

其次，就是孩子的生活出现“问题”。有些教师和家长总觉得孩子小小年纪，除了学习谈不上有什么生活的，其实小孩子这些越容易被大人忽视的方面越会出问题，主要有以下几点：

1.有些孩子缺少同伴、朋友，总是独来独往，看似学习认真、一切正常，但在他的心灵深处却感到孤独寂寞、无聊焦虑，甚至有深深的无助感。如果大人只盯着他们的学习来观察，一般是看不出什么问题的。这类孩子会因为长时间地与同龄人缺少交流沟通，不知不觉地就走入了虚拟世界来排遣现实的孤独感。

2.有些孩子在生活中缺乏“兴趣”。因为没有什么兴趣，所以除了学习还是学习，除了家里就是教室，生活变得单调乏味、空虚无聊，一旦接触了电视、网络等精彩世界，孩子内心的激情必然被唤醒，对现实的冷淡、没兴趣便会立刻化成对虚拟世界的聚精会神与乐此不疲了。

3.孩子与同伴、朋友闹矛盾，人际关系紧张，久而久之也会烦恼苦闷，要是这些烦恼苦闷长时间地难以消解，孩子就会转移注意力去寻找虚拟世界中的情感共鸣者，那么上网交友、QQ聊天、论坛灌水便“水到渠成”了。

4.孩子与教师、家长的思想、情绪对立。这主要是两代人之间有代沟，看问题、做事情的观点和方式出现很大的差异，又缺乏平等沟通的机会，或者教师的教育和家庭教育存在偏差，或是对孩子霸权强制，或是对孩子严厉高压，或是对孩子冷淡、忽视，特别是无视孩子原来的兴趣爱好，总是用自己的喜好来代替孩子的愿望。由于没有了平等、民主、充满爱心的和谐关系，大人们的言行不但无法对孩子形成正面的积极的教育，反而是愈加使孩子产生不满、排斥、怀疑、叛逆的态度。孩子如果不能从这些生活中重要的人身上获得关注、赏识、接纳与感全感，就会变得不求上进、不思进取，那么，他们躲进虚拟世界、得过且过也就不足为怪了。

5.生活问题还包括孩子在生活中遇见的其他突发事件或日积月累的小毛病、小麻烦、小烦恼，这些都可能造成孩子身心的压力，尤其是在这些“问题”超过了孩子的承受限度时，同样使孩子对现实表现出逃避、退缩、苦闷等状态，从而躲进虚拟世界寻求暂时的忘却和解脱。

当然，这些孩子学习、生活问题的产生，除了环境、人为等外因之外，还有一个重要的内因就是孩子的性格（个性）存在问题。不难看出，容易沉溺于虚拟世界的孩子一般都比较内向、固执、敏感、偏激、不合群、容易情绪化，等等，这使得他们在待人做事上缺乏毅力和耐心，经受不住挫折和失败的打击，一旦碰到难题、遇上困境，就会束手无策，或得过且过，或消极悲观，或愤世嫉俗，或破罐破摔，以致最终逃避现实。

根据上述情况，总而言之，大人们要想真正地帮助孩子彻底地走出沉溺于虚拟世界的泥潭，就应该了解和关注孩子的学习、生活以及性格上的这些矛盾和问题。只有抓住并解决了这些根本性的东西，孩子“症状”的改变才会水到渠成。要想达到这个效果，教师和家长至少应该做到以下两点：

一、要让孩子信任你。无论孩子的情况多么严重，多么让你生气，大人们也不要斥责、贬低孩子，而应该心平气和地、充满信心地接纳孩子已经存在的“毛病”。孩子大都不是故意这样的，即便故意这样，也是有上述的某些原因存在的。教师和家长只有获得了孩子的信任，成为孩子主动倾诉的对象，才能真正地走进孩子的内心世界，了解到孩子的真实想法，才能谈得上“对症下药”地帮助他们。要知道，转化孩子的关键并不是看大人对孩子“苦口婆心”地讲了多少道理，而是看孩子对大人讲了多少心里话。要是能做到这点，你就能成为孩子的朋友，那随后的帮助也就事半功倍了。

二、要指引孩子有“路”可走。当大人们了解了孩子的心事，了解了孩子在学习、生活和性格上遇到的矛盾和烦恼后，除了进行心理疏导之外，更重要的是要引导孩子走上一条可行之路，能让他们把心愿投之于实践、付之于行动，这样孩子才有“方向感”，才不会再茫然徘徊、原地打转、停滞不前。具体做法如下：

1.培养孩子一些基本的兴趣：比如运动，有益孩子的身心健康；阅读，可以促进孩子的思考，提高孩子的智商；交往，可以增加孩子投入生活的乐趣，等等。

2.帮助他们交上一些志同道合的朋友，共同学习、生活，互相帮助，互相支持鼓励，让孩子有群体的归宿感。

3.尊重和支持孩子原本的兴趣爱好，并给予他们自由施展的“空间”。这样孩子才能体会到自主的观念、自我的价值和生活在现实中的意义与乐趣。

4.引导孩子树立短期、长期的奋斗目标。这里的目标可以是学习的、生活的或兴趣的，既要是适合孩子的，又要是孩子自己有兴趣、有能力达到的，切不可是教师和家长强加给他们的。比如孩子学习成绩一般，但喜欢打篮球，那就应该支持和鼓励他通过自己的努力争取加入班级的、学校的，乃至更高级别的篮球队，还可以把为自己队能在各种比赛中获得好成绩作为一个目标去奋斗。再比如，学习不错但体质不怎么好而且朋友很少的孩子，可以让他养成多运动、多参加群体活动的习惯，通过晨跑、打球、爬山等锻炼形式来增强体质、结交朋友。

当孩子在现实生活中有“事”可做，而且这些“事”又是孩子乐意去做的，孩子就会从虚拟世界中走出来。一般刚开始这是一个矛盾冲突的过程，孩子会在虚拟和现实之间左右徘徊，当经过一段时间之后，只要大人能让孩子感受到现实能带给他们更多真实的快乐和成就时，他们就会自觉地把更多的时间花在现实中去了。其实，沉溺于虚拟世界的孩子在虚拟中获取的快乐是一种不实际的浮在表面的快乐，在孩子的心灵深处（潜意识里）依然是隐藏着痛苦的。这就是在虚拟世界里获得快乐越多的孩子，一旦回到现实反而更加痛苦、更加焦虑不安的原因。

因此，能否在现实中为孩子打开一扇充满阳光、充满真实的快乐之窗，是改变“问题孩子”的关键所在。当孩子已经能从现实中得到自己该得到的，孩子怎么会去虚拟世界自我麻醉呢？当然，一个现实生活健康的孩子也会去玩虚拟世界，但与沉溺于虚拟世界的孩子有着本质的区别，那就是他们能够自我控制，能够适可而止。无论是进去还是出来，他们的内心世界是没有矛盾冲突和自我对抗的，因为他们知道自己真正需要的是什么，他们是理智的。

最后，我只想强调一点：孩子沉溺于“虚拟世界”，教师和家长一定要观察和反思孩子的“现实世界”——现实，带给孩子的是什么呢？

教师体罚学生的六种心态

教师对学生实施体罚的心理状态主要有以下六种类型：

一、情绪冲动型

这类教师体罚学生不是为了达到某个教育目的，他们在主观意念上是没有目的性的，纯粹是情绪波动、行为冲动的自然结果。比如在课堂上，一个学生不认真听课，做小动作，教师批评后学生竟然顶嘴，态度不屑一顾，教师顿时怒火中烧，生气得本能地一巴掌打过去……教师往往在事后为自己如此打了学生感到后悔沮丧，大都会自我谴责："我怎么这么不理智啊！"

因为这种体罚不是教师有意为之，教师的行为是被动的，是被自己过激的情绪所控制的，所以教师很容易失手对学生造成较大的伤害。此类行为一般发生在初为人师的年轻教师身上，他们血气方刚，易冲动，有些还意志薄弱，情感脆弱，常常陷于感情用事的泥潭中，因打了学生而后悔，过后又难以克制自己，反反复复。要想真正克服这种体罚，教师就要在培养良好的性格和心理素质上进行不懈地努力。

二、打击报复型

这种体罚，是教师常常自认为所谓的“师道尊严”被学生伤害了，个人的人格自尊被学生践踏了，做老师的面子被学生撕破了，还有就是在工作上想争取的某些“名利”被学生拉了后腿了，等等，因此对学生采取了暴力行为。教师的主观目的是很明确的，不是为了“教育学生”，而是出于对学生的排斥和憎恨，通过对学生肉体的打击和折磨，以求得自己心理上某些快感的满足和怒气的发泄。当一般的体罚行为达不到这些心理需求时，他们就会变着花样来加大体罚的力度，想方设法地让学生在身心上都能有所伤害，有时学生的痛苦越多，就越能引起他们的兴奋感。

这类教师要么师德低下，要么品行恶劣，要么在心理上或多或少存在着某些缺陷与障碍，把自己对学校、社会或其他的不满不平以及烦躁、焦虑、压抑的情绪发泄在学生身上。很多时候，他们还会因此失去“理智”，做出在旁人看来不可理喻的事来。比如，教师因一个学生在背后给他取了难听的绰号，觉得自己没了脸面，就在课堂上让全班学生都来用巴掌打这个学生的脸。再比如因为几个“差生”只考了二三十分，教师认为他们大大地影响了自己班级的平均分、优秀率，以致没法达标、拿不到奖金，就把他们抓到办公室拳打脚踢……

虽然这类教师在整个教师队伍里只是极少数，危害却是严重的。要想杜绝此类事件，最好是让这类教师离开或暂时离开教师岗位，通过各种渠道让他们对自己的生存状态和心理状态进行一番调整和“修炼”，如此方能利人利己，否则基本上是“鸡飞蛋打”，害人害己。

三、武力震慑型

有些教师体罚学生，是因为其骨子里崇尚“学生不打不成器”、“学生不打不怕你”的观点，一旦有学生出现“问题”，尤其是所谓的“屡教不改”时，他们就会采用“武力”，使学生尝到肉体上的疼痛，从而服从、屈服、害怕教师。比如有学生由于偷懒总是不按时完成作业，教师就会打他手心，打得他眼泪直掉，保证下次不敢了，而其他有此苗头的学生看了心惊肉跳……不过，此时的学生大都不是敬畏教师，而是害怕其手中的“戒尺”，一把戒尺只是在表面上简单地掩盖了学生“问题”的存在，实际上还可能加重了“问题”。

这类教师使用“武力”通常都会考虑学生的承受力，因“生”施“罚”，大都是打学生的手掌心、臀部等不是要害的地方。此类型的体罚同“打击报复型”的区别在于前者多少还是为了“教育学生”的，而且是理智的，所用的“武力”是量力而行、适可而止的。当然，一旦学生对教师的“武力”有了耐受力，产生了“免疫力”，那么其所谓的“震慑”也就形同虚设，教师也会顿时变得无计可施、无可奈何了。而且在此情况下，学生在心理上更会同教师习惯性地对抗起来，变得叛逆、固执、偏激……要是教师不放弃“武力”，他们反倒都能从中获得战胜对手的快感。

要知道，教育是心灵的耕耘，岂能用简单粗暴的“武力”来实现？要是真能如此，那用一把“戒尺”谁都可以把德育运用自如，谁都可以升华为“灵魂的工程师”了！武力可以征服肉体，但征服不了心灵，反而常常是激怒了心灵——当这类教师的武力震慑没了效力时，有些教师又会把“体罚”演变成下面这种类型了。

四、敷衍应付型

此时的体罚，已是教师敷衍应付“问题生”的一种习以为常的手段了，教师已不再考虑体罚能否有效，反正只要学生出了难以处理的“问题”就打，打好了就算是把“问题”处理完毕了。说得实际一点儿，这只不过是教师在向全体学生摆个“教育”的样子、搞个形式上的交代罢了。这类教师对“教育”不想有什么收获和突破，只求做一天和尚撞一天钟，得过且过。

当然，随着时间的推移，其中的部分教师可能因生活、工作上的种种烦恼和困惑沉不住气，变得浮躁颓废，一旦再加上平时缺乏对教育理论的学习和实践上的积极改变，以致使体罚由“敷衍应付型”升级为“苦闷发泄型”。

五、苦闷发泄型

这种类型的体罚，既有教师情绪冲动的成分，更有教师心情忧愁压抑的阴影。比如一个学生因某种可以理解的原因而上课忘了带课本，要是在平时，教师完全可以接受，提醒一下就好了，可恰恰碰上教师近几天心情糟糕、心理忧郁，学生的这一小“问题”也就无辜地成了点燃教师“体罚”的“导火线”了——教师一把将学生拉出座位，用手指戳着他的脑袋骂了：“你的木脑袋哪儿去了，反正不带书，你就不用上课算了！”多数情况，学生都是出乎意料地被教师莫名其妙地“体罚”，很是迷糊地受到伤害。

在这类教师的影响下，学生一般也会受到感染，变得焦虑不安、提心吊胆、莫名地忧郁、富有攻击性。教师如果不及时改变不健康的心理，迟早会同化一些学生的心理，使学生也患上苦闷发泄的毛病……这类教师除了先去调理好自己的心理状态再来上课之外，别无他法，否则难免出事。因为教师对这种类型的体罚出现的后果不会像“情绪冲动型”那样事后具有反思性，他们基本上是无能为力地“破罐破摔”，而且可能越陷越深。从这点来看，其后果的严重性也可能超过了“打击报复型”。

回顾上述五种类型的“体罚”，勉强还谈得上和“教育学生”有些关联的，也只是“武力震慑型”和“敷衍应付型”，但是无论教师承认与否，这两者从本质上看，不过是要么一条筋地“打击”学生、要么一刀切地“放任”学生的表现。应该来说，分析到此，我们没理由不摒弃这两类的“体罚”了（其他三类更是没有商量的余地）——读到这里肯定会有教师反对，说如果没了“体罚”，学生真成上帝了，那还怎么去教那些问题多多的“问题生”啊？其实，反对的教师自己也清楚，上述的“体罚”也是无济于事的，我也相信他们大都是早已用过了其中一些，用和不用都是极为无奈的。那么，在这之外还有没有一种比较好的“体罚”类型呢？有，那就是我要说的最后一种。

六、巧“罚”助育型

持此心态的教师强调，只要通过自己艺术地、巧妙地把“体罚”融入教育，就能让学生体会到教师对他的好，从而被“罚”

得心服口服，以至改变了存在的“问题”。这类教师热爱学生、关注学生，对“体罚”具有主观能动性，能相机而行，随机应变，在教育技巧上有自己丰富的经验。但这样的教师毕竟是少数，尤其能把“体罚”运用自如的更是少数，一般教师是很难把握的，一不小心常常事与愿违。体罚不像别的什么，一旦失误，给学生以及师生关系造成的伤害往往是无法挽救的。

我在现实中很少看到此类“体罚”比较成功的例子，只是一次无意间在一本教育杂志上读到很为经典的由此“体罚”演绎出来的“猛然醒悟法”：一个学生毛病一直很多，其他教师对他总是毫无办法，最终因一位深谙“体罚”之道的教师在某一事件、某一场合、某一关键时刻狠狠地用一巴掌打得他脱胎换骨、痛改前非，从此积极向上、奋发图强，后来学业有成、功成名就，深深地感激和怀念此教师当初“警醒”他的那一巴掌……我在想，要是这个学生因自身素质的原因一巴掌醒悟不了，反而对教师怒目相视，生了报复之心，或是一巴掌打过之后有醒悟，但学业依然功不成名不就，那结果又当如何去写呢？如此成功的“体罚”，既要考虑天时、地利、人和的三位一体，又要掌控很多不确定因素，的确难矣——其实，像魏书生、李镇西等名师反倒一点儿都不用体罚也能达到上述的效果。说到底，最为困难的就是我们这些普通的教师了，想用“体罚”，却难以把握；不用“体罚”，则更难把握……那怎么办？我只能说，多去读读魏书生、李镇西等名师的专著吧！只有不断地学习来提高自己的教育能力，才能真正地告别“体罚”，让自己快乐，从而快乐学生……

家庭教育，更应读懂孩子

让孩子对您说心里话

每次家长会，总有一些家长说自己很难同孩子沟通，孩子对他们不是敬而远之，就是心怀畏惧，即便能够勉强相处，孩子也很少真正袒露心声。

的确，像这种情况，要想发挥家庭对孩子的良好影响和教育就无从说起了。因此，只有拆除彼此之间的无形隔膜，让家长走进孩子的心灵，才能有利于家庭教育发挥功能，才能使学校召开家长会获得真正的效果。为了达到这个目的，家长不妨试用以下四把钥匙：

首先，应该保持童心，和孩子交朋友。众所周知，当一个人把你当做知心朋友时，就会敞开胸怀畅所欲言，而孩子往往表现得更加突出。家长要做孩子的知心朋友，除了应具备朋友间的真诚、亲密、关心等特点之外，关键的是要保持童心，这更是消除两代人心理代沟的重要手段。那么怎样付之于实际呢？

1.要关注并参与孩子的兴趣与爱好。比如一起看动画片、漫画书，做游戏，猜谜语，为孩子讲故事等。当家长同孩子自然地打成一片时，就会有共同的语言，这样双方的交流才会不知不觉地水到渠成。

2.不妨向孩子诉说“心里话”，袒露自己的内心世界，把自己放在同孩子平等、民主的位置上，做个“小大人”，让孩子感觉家长也像他们一样，也是有烦恼、有心事的，并从中体会上辈人对他们的信任与重视。日子一久，孩子就会把你当做倾诉的对象了。

3.做孩子的表率。比如要让孩子养成早睡早起、早锻炼、做事认真等习惯，家长就应该有意识地让自己先做到，并通过比赛、游戏等共同活动的方式在情境中感化孩子。“身教重于言教”，这样做胜过苦口婆心地讲解。

其次，要把握爱心，注意尺度。许多事例表明，家长对孩子要求过严或者溺爱都会加大两者之间的距离。前者往往让孩子畏惧、压抑、紧张，做事犹豫不决、缺乏主见，后者使孩子不听话、撒娇、任性、为所欲为、以自我为中心。总之，孩子这些不良性格和不好习惯的养成无不受到家长“爱”的影响，而结果大多使孩子被这种扭曲的“爱”所变形，所淹没。所以，上辈人一定要协调好彼此间对孩子的教育，统一和把握爱的尺度，切不可凭个人的一时性情或喜怒无常，或百般娇惯，或棍棒相加，一旦上述行为在孩子心中打下烙印，不但损害了家长的形象，而且与家教宗旨背道而驰，伤害了孩子。

再次，要多赞美和鼓励。林肯说过，每个人都喜欢他人的赞美。其实人性最深切的需要就是渴望别人的欣赏（拿破仑语），而孩子尤其需要。这不仅吸引着孩子向你真心靠拢，倾听你的教诲，还将每时每刻从积极乐观的一面影响着孩子的生活与成长。卡耐基也曾指出，使一个人发挥最大能力的方法是赞美和鼓励。真诚的赞美可以拉近心灵，批评和耻笑却会拒人于门外，把事情弄糟。“诚于嘉许，宽于称道”，这是值得每位苦于无法同孩子交流的家长深思的。

当然，最后一点就是跟孩子接触交流要持之以恒。家长切不可以工作忙、没时间等为借口三天打鱼两天晒网，这样做往往容易前功尽弃。所谓“路遥知马力，日久见人心”，只要家长把上述四点纳入日常生活中去反复实践，相信会有成效的。

给孩子一些“劣性刺激”

时常有家长说自己的孩子任性、爱哭、胆小怕事、意志薄弱，有些还挑食、偏食，长得不是太胖就是太瘦，等等。其实这些现象同家长本身及家教有关。

当前，独生子女相当普遍。大部分家长对孩子百依百顺，极为宠爱，加上有些家长自身素质问题，对孩子的教育要么无所适从、随波逐流，要么一窍不通、不闻不问，纯粹凭自己的喜好去对待。久而久之势必造成孩子在独立性和纪律性方面的教育与训练极为缺乏。而儿童时期恰是良好习惯和性格养成的关键时期，一旦放纵自流，错过机会，就会造成难以挽回的损失。一些心理和生理专家建议，应该对孩子施加必要的“劣性刺激”，让孩子在令人不快或不舒服的外界刺激下得到适当的磨炼，以提高其对各种环境的适应能力。下面就谈谈四种常用的“劣性刺激”。

1.让孩子体验饥饿。造成孩子偏食、挑食和食欲差的主要原因，是孩子在父母的溺爱下零食不离手，想吃啥就有啥，感受不到饥饿的滋味，吃饭时就没胃口。俗话说：“欲求小儿安，应忍三分饥与寒。”孩子有了饥饿的体验，自然就会“饥不择食”

了。所以，适度的饥饿是改变孩子不良饮食习惯的最好办法。

2.让孩子尝到劳累的感觉。孩子之所以好逸恶劳，没有责任心，对父母的辛勤劳作无动于衷，与其“饭来张口，衣来伸手”、上学车接车送、不参加体育锻炼、从来没劳累感有很大的关系。因此父母对孩子不要过分呵护，应该鼓励和督促孩子干一定的家务和参加各种有益活动，自己的事自己做，不要什么都让家长去包办。

3.让孩子经受困难与挫折。孩子意志薄弱，与他们生活在父母营造的“温室”里总是一帆风顺有关。由于家长为孩子把一切都安排得好好的，孩子就会什么事都去找家长，一旦离开父母，他们就会变得“不堪一击”。有远见的父母应该有意识地为孩子设置一些必须经过努力才能克服的困难和挫折，并给予他克服困难和战胜挫折的勇气和方法。

4.让孩子挨些批评。孩子固执、好发脾气，是因为一直处在父母的掌声中，听惯了“甜言蜜语”，以致养成了以自我为中心的不良性格。这就需要对他们进行适度的批评。而对那些学习拔尖、容易骄傲的孩子，在表扬和鼓励的同时更应不失时机地指出存在的不足和努力的方向，让他们体会到失败和受批评的滋味，化阻力为动力。

善待孩子的兴趣

朋友的孩子刚上二年级，对绘画特有兴趣，画得如痴如醉，每次学校举办画展也都有他的作品。美术老师时常表扬，说这孩子想象力不错，用笔用色都很大胆。朋友听了，不免高兴，于是天天关注着孩子的发展。过了两个月，再碰见朋友时，朋友却忧心忡忡地向我诉苦：孩子不知怎么了，现在却害怕画画了。

原来两个月前朋友替孩子报了美术培训班，执教老师要求严格，训练更是环环相扣。孩子不但学得手忙脚乱，而且暴露了许多“缺点”。朋友就三番五次地督促，甚至陪着孩子画，恨不得孩子马上变成画家。可是，半个月下来，孩子画起画来不再像以往那样胸有成竹、得心应手了，反而变得犹豫不决、迟疑不定，有时还焦虑不安，干脆找借口不画了。

从上述事例中，我们不难看出，当前家庭教育中依然存在“拔苗助长”的误区，其结果往往事与愿违，抑制了孩子天性的正常发挥。有些家长“望子成龙，盼女成凤”，一旦发现孩子有某种兴趣就紧抓不放，而社会上的某些培训班为了迎合家长的这种心理，以求在短期内获得一些表面效果，讨得这些家长的喜欢与承认，往往有意无意造成教学模式的“成人化”。无论是教学内容还是方法，都违背了儿童身心发展的规律，使孩子产生厌倦情绪，甚至畏惧心理。因而朋友的孩子绘画兴趣的骤然淡化就不足为怪了。

其实，兴趣就好比幼苗，能否开花结果还有待于教育者的正确引导与“护养”，假使置之不理、任其自生自灭，或百般呵护、操之过急，都会让幼苗枯萎。我们认为，在小学阶段，尤其是中低年级（包括学前教育），只要在任课老师的潜移默化与合理指导下，让孩子自由发展就可以了，作为家长，除了给予必要的物质支持与精神鼓励之外，无须为孩子过度操心。只有顺乎孩子的天性，才有利于孩子的健康成长，才能为将来的进一步发展打好基础。否则，难免事倍功半，甚至得不偿失。

不妨同孩子商量

一位家长对我说，他的孩子在家里做作业很不专心，不是一边做一边看电视，就是作业做几下，其他东西玩几下，常常影响了作业的质量。他三番五次地讲，可孩子就是屡教不改，不知怎么办才好。

其实，这种现象比较普遍。孩子不是与生俱来就是这样，而是在成长过程中受到不良环境的潜移默化，逐渐形成坏习惯的。比如大人总是限制孩子的活动时间，时不时督促孩子认真学习，让他们整天扑在学习上，超时超量地做作业。这样势必违背了孩子的年龄特征，同孩子活泼好动的本性相抵触，造成孩子精神和体力上的压力，久而久之就会疲劳烦躁、注意力下降、心不在焉，等等。心理学表明，在这种情况下，孩子做作业时出现的三心二意，可以说是一种本能的生理性的“自我防卫”。从中我们应该看出孩子在学习、娱乐、休息上出现了不平衡。假如大人们不能发现这点，不从孩子所处的环境和自身找原因，反而认为孩子有问题、不听话，简单生硬地加以斥责与惩罚，就会造成恶性循环：孩子越不认真，大人就越严格，大人越严格，孩子毛病却越来越多。

笔者认为处理这种事，家长不妨静下心来，心平气和地同孩子商量，什么时候做作业，什么时候让孩子干自己喜欢干的事，共同制订出一份合理的作息计划，这样孩子心里就有底了，学习时才能劳逸结合、松紧有度，而家长和孩子双方的要求也就容易兑现，从而有助于拉近两代人之间的心理距离。家长经过一段时间的监督与适当表扬，孩子自然会养成良好习惯。这无论对孩子的学习还是成长都是极为有益的。

总之，如果家长对孩子缺乏心与心的沟通，只会用强制性的做法，这是不利于教育孩子的，即便孩子暂时服从，也是徒有表面的形式罢了。因为，家长只有同孩子建立起民主、和谐的平等关系，真诚地走进孩子的内心世界时，教育才能发挥作用。

解读学生不良行为的四个目的

每个班级或多或少总有学生会出现一些不良行为，比如调皮捣蛋、破坏东西、作业拖拉、上课故意不认真或随便插嘴、骂人、打架，甚至敌视或攻击教师，等等，只要我们深入观察和思考，就会发现大多数这样学生的不良行为具有以下四个目的：

目的一：寻求关注

被大家关注，尤其是被教师关注，是班级里每个学生的愿望和需求。多数学生大都是通过积极的行为，朝着教师喜闻乐见的方向努力，诸如认真学习、提高成绩、遵守纪律、上课踊跃回答问题等来实现教师对他们的关注。这在“优秀生”身上体现得最为明显，由于在课堂上的表现和学习成绩都比较突出，而学校和教师又都很重视这些，因此，他们时常都能感受到教师的肯定、表扬与同学们羡慕的目光，所以一般都很少会出现上述的不良行为。

而另一些成绩一般，特别是很差的学生，在学校和教师所重视的这些方面一直处于“弱势”状态，很难获得教师的关注，长时间地被忽视和淡忘，使他们体会不到自己的重要性，渐渐地就产生了失落、烦躁、压抑的心理。同时，在成长过程中的年龄特征又决定了他们必然要寻找一个展现自我、释放精力的“出口”。这样一来，“不被关注”和“寻求关注”之间存在的矛盾，自然就会引发这些学生本能地采用消极的不良行为来达到被关注的目的——他们通常是班级里的“问题生”，通过制造种种“问题”来证明自己的存在。

面对这种情况，教师正确的处理方式应该是：在平时就要有意识地多接触这些学生，但不要总在学习和成绩上钻他们的“牛角”来强求他们，而是要积极地关注和欣赏他们在学习以外的兴趣、爱好和“闪光点”，比如常和他们谈心聊天，一起组织各种活动（打球、下棋、游戏之类），让他们帮老师做力所能及的事……当教师能喜欢他们所喜欢的、关注他们所关注的时，就会使他们获得身心的满足，从而逐渐告别不良行为。

不过，现实中有些教师往往看不到这些“问题生”寻求关注的心理需求，只会当学生出现不良行为时，想当然地对他们表面上的“错误”进行批评和教育，这看似也是在“关注”他们，实际上却是隔靴搔痒、临时抱佛脚，并没有触及“问题”的实质，反而强化了学生为“寻求关注”而产生的不良行为。所以，学生常常是没过多久又会故态重演。几次下来，教师就容易给学生贴上“屡教不改”的标签，由原来的谆谆教诲演变成苦口婆心的教训，再升级为强制性的“惩罚”，甚至是深恶痛绝的排斥了——如此结果，必然导致师生关系僵化、对立、对抗。随着时间的推移、程度的加深，当这些学生再出现不良行为时，又多了第二个目的。

目的二：争夺“权力”

以争夺“权力”为目的的学生会反抗教师的各种控制。他们一般是公开表现反抗的行为，如和教师产生情绪化的争执（发脾气），偏激地反驳教师的言论，很自我地反抗教师的做法，等等。也有一部分学生可能用消极的间接性的攻击方式来作出反应，如偷懒（故意不做教师布置的事）、遗忘（常常故意丢三落四）、顽固（刚愎自用）。他们的这些行为主要是向教师显示，他们是不会受成人规则限制的，也不会被教师“惩罚”的威胁吓倒的，通过上述这些方式来获得自我价值以及体现自我的重要性。

这些学生之所以会和教师有“权力”之争，说到底，还是因为他们平时没有得到教师正面的积极的关注，体会不到教师的“关爱”，以致师生感情逐渐淡化，甚至破裂，成了对立、对抗的关系。有这个目的的学生经常会自觉或不自觉地诱使教师与他们进行“权力”斗争，以此显示自己的力量和教师在控制他们时的无能为力，从而获取心理上的那种“我也是重要的”的满足感。例如，一个学生在课堂上经常未经允许就转身和别的学生讲话，当教师提醒他“上课时要遵守纪律，没有老师的同意不准随便这样”，并要求他身子朝前坐端正时，这个学生就好像根本没听见似的，依然我行我素。这个学生和教师之间出现的“权力”之争以及由此表现出来的不良行为，虽然不排除他是受到不良榜样（诸如父母、电视和社会上的某些人物）的影响而形成的，但是这和教师本人经常示范性地采用权力、控制、威胁和支配作为教育学生、解决学生“问题”的方法是不无关系的。另外，有些教师还会有意无意地默许学生使用“权力”得到“自己想得到的东西”，或在同学生的“权力”争夺中无原则地退让了，这样更是强化了学生的这个目的和用来达到这个目的的不良行为。

一般来说，“权力”斗争只会使学生和教师之间的冲突逐渐升级，谁都不愿意让步，因为这意味着“输掉”斗争，而且更重要的是会失去了“尊严”（面子）和个人的自主感。结果，随着斗争的越来越激烈，教师通常就会采用威胁（你上课再随便讲话，我就拉你上教室前面“罚站”！）、羞辱（你还像个学生吗，真是个不讲理的无赖，你妈怎么会生出你这样的人啊！），甚至体罚（你还不听我的话，看我不打你！）等来制伏学生以求结束斗争。然而，教师这样做不仅无益于学生不良行为的改变，反而严重地伤害了学生的“自尊”，使学生或破碗破摔，或自暴自弃，甚至作出“鱼死网破”的反击——报复，这就是学生不良行为的第三个目的。

目的三：施行“报复”

当学生的不良行为发展到了“报复”这个地步，这说明学生的自尊可能已经受到了严重的伤害，至少师生关系在学生看来已是没什么感情可言了，此时学生最易冲动，极具攻击性。受“报复”驱使的学生最喜欢采取的不良行为包括撒谎、偷盗、欺骗、用很难听的话咒骂教师，还会进行破坏和暴力行为（涂墙壁、摔桌椅、敲玻璃等）。这些学生大都很清楚教师所重视的和易受伤害之处，一旦觉得自己受到教师的伤害，他们就会选择教师易受伤害之处予以还击。比如，对很看重作业的教师，学生就会故意不做作业或拖拖拉拉；对很讲究课堂纪律的教师，学生就会故意不守纪律；对很看重考试和分数的教师，学生就会故意考得很差，甚至把试卷乱做一通……面对学生的“报复”，教师如果不反思自身的原因，不调整自己的教育方式，只是想着这样的学生是不讲理的，是屡教不改的，是品质恶劣的，而采用“以牙还牙，以暴制暴”的手段去对待他们，其结果往往因师生的互不相让，各自用了“武力”，不是教师伤了学生或学生伤了教师，就是“二虎相争，两败俱伤”。即便教师因成人的优势在地位、力量、气势上“胜”了学生，那也是“败”了。因为教师这样简单粗暴的手段没有阻止师生关系越走越远，最终到了无法挽回的地步。

假使学生的不良行为在个别教师强大的“武力”压迫和震慑下，达不到“报复”的目的，那他就会选择最后一个目的。

目的四：假装无能

学生到了这个时候，一般会主动地停止针对教师的“冲动”行为，取而代之的是不活跃和消极行为：不关心学校生活，不关心班级，不关心老师和同学的任何事，没兴趣参加集体活动。上课时，他们什么也不想听、不想做，要么睡觉，要么做白日梦，极少或根本就不做作业，被老师提问总是耷拉着脑袋一言不发，学习已经和他没关系了。这些都表明学生已放弃了斗争，其目的是想让教师彻底放弃他们。为什么会这样呢？对这些学生来说，学校的学习生活已变成了一系列的失败、挫折、羞辱和伤害，师生的“敌对关系”久而久之使他们处在失望之中。所以，如果他们能让教师放弃他们，就当他们很无能，什么也教不会，别再搭理他们，那他们就可以避开无数的每天都可能遇到的让他们感到自己无价值、无能和无助的情况了。学生“假装无能”是一种消极的心理防卫，其实是学生脱离现实生活、陷入“自我封闭”的表现。假使学习环境和师生关系没有改变，长期下去，学生就会越来越焦虑、忧郁，严重的还可能自伤自残，有走向自杀的危险。这样的悲剧在现实中也时有发生，这不能不引起广大教师的注意。

回顾上文，我们不难发现，学生不良行为的“最初源头”，一般是教师对学生缺乏必要的“关注”。对照学生不良行为的四个目的，也只有“寻求关注”还可以看到学生对教师的一种期待，一旦教师因判断失误、方法失当而错过了这个阶段，那么学生后来的三个目的就很容易一步步地表现出对教师的不信任和失望了。因此，与其说学生不良行为是学生的“问题”，不如说是与之相关的教师“教育”的问题——总之一句话：教育成功的梯子，首先是搭建在教师对学生真诚的恰如其分的“关注”这一基石上的。

在文章的结尾，我最想问教师们的是：你用“心”关注着教室里的每个学生了吗？

仅靠“规章制度”是“药不对症”

当前，时有“学生暴力攻击、伤害教师”的新闻报道，个别事例后果尤为严重。为此，很多教师忧心忡忡，认为教师的人身安全都难以保障，何以谈教育教学？

前不久，笔者目睹了某论坛就此事进行的讨论，有网友认为，教师在对待学生的某些问题时，应该给学生一点儿尊严，留点儿面子。但也有人提出，问题是有些学生领你的情，知错就改；而有些学生，你给足面子和尊严，他不但不领情，反而不把你放在眼里。所以，要看具体情况而定，该给尊严和面子的就给，该处罚的，决不能姑息。

讨论的最后，大家都比较支持一位署名“水君”的老师的看法，他引用了黄全愈的《素质教育在美国》一书中的观点：“在美国，学生一进校门，人手一册校规，违反了哪一条，自己对号入座，该受什么处罚，就会受到什么处罚。学生心里清楚，因而也非常具有规则意识。而我们的学生基本不知道自己的所作所为会受到什么样的处罚，学校和老师基本上也是临时决定怎么处理。而且现在社会上有一种流行的做法，就是动辄把什么处罚都与体罚、变相体罚联系起来，使学校的规范教育在教育学生的过程中大打折扣……现在出现‘学生暴力袭师’，这与我们的教育从一个传统的师道尊严的极端走到西方教育民主化的另一个极端有一定关系。其实中间有一个度的问题，我们不仅要看到西方教育民主、温和的一方面，更要看到其全部。”

笔者也赞同这位“水君”朋友的观点，我国的学校的确也需要像《素质教育在美国》一书中所说的那样的规章制度。但是，我们又不能不思考这样一个问题：美国学校即便具备了那样完备的规章制度，可还是会出现“学生枪杀教师”的情况（美国学生得枪容易，在我国则是板凳、菜刀之类），这比我们国家发生的教师被打、被砸、被砍更严重。虽然是少数，但也表明，就算有详尽的处罚制度的保障，也并不能真正避免类似问题。假设我国的学校已经有美国的那一套完备的处罚制度，如果教师处理“问题学生”时方法简单化，只会照“章”处罚，忽视了学生作为一个“人”的存在，甚至严重伤害了学生的“自尊”，那谁能保证就不会再出现类似的悲剧呢？看看几年前的马加爵吧，作为大学生他不会不知道杀人是犯法的吧？刑法对杀人的判决也不会不详尽吧？可他还是杀了好几个同学。为什么呢？就因为他觉得自己的“心灵”受伤害了，一直处于屈辱的地位，而那几个同学刚好点燃了他爆发的导火线。假如当时是某个老师对他做了类似的事和说了类似的话，那死的很可能就是老师了。或许有许多人认为这件事很特殊，因为马加爵是心理有问题。是啊，现在出现这些“问题”的，本来是“心理”或多或少有问题的学生，要是心理没问题，他也不会走到这一步了。细细分析那些典型的“袭师”事件中的学生，就能发现这一点。可有些老师还是没看到“问题”的关节点，只凭着自己的情绪喊“对学生处罚太少”、“把学生当上帝了”、“我们的学校太需要处罚的规章制度了”，等等。从表面上看，这类学生好像“无法无天”，最需要的是“处罚和惩戒”，但实质上由于在成长的过程中缺少家长和老师的关爱，缺乏生存环境对他们的关照，缺失信任之人对他们心灵的正确沟通和有效疏导，他们最需要的是有人，特别是师长们对他们“心”的解读与抚慰！

综上所述，我认为，学校的各项规章制度当然要完善，但更为重要的是教师的个人修养要提高、教育观念和方法要科学。因为前者是“一条条死死板板的白纸黑字”，而后者却是鲜活灵动、充满智慧的“科学、艺术和情感”的融汇体！要知道，就算有很好的规章制度，给低水平的自身思想和观念有“问题”的教育者使用也可能用得无效，甚至用出悲剧来，而对真正有爱生之心又具备教育艺术与技巧的教育者来说，其实那个规章制度也无须去使用。

预防“学生暴力袭师”没有什么捷径可走，仅靠“规章制度”是远远不够的。有严重问题的学生多数是“心病”，心病还需“心药”医——唯有对症下药，方能见效。要是治“心病”总是用“处罚”型的“推拿术”，即便你是“妙手回春”的推拿高手，病人也会骂你，还可能动手打你——你岂不成了“庸医”？

如何“控制”你的课堂

一位网友在“天涯教师版”发帖子说：我是小学语文老师，对学生我真不知道怎么办才好。对他们“紧”了，平时上课根本没有几个人回答问题，对他们“松”了，他们就骑到我头上来了。郁闷啊……

这位网友所说的情况比较普遍，这样的“问题”时常困扰着一些教师，特别是刚踏上工作岗位的年轻教师。其实，问题不在于学生，而在于教师。学生是课堂的“主体”，让他们积极活跃，成为展示自我的主角是必须的，再说多数孩子本身就有这个天性。但是孩子毕竟是孩子，何况一个班级的人数又不在少数，如果没有在一定程度上进行恰如其分地“控制”，课堂表面上看似热闹，实质难免出现杂乱。反之，如果“控制”过头了，那课堂看起来很有纪律，但又可能宛若一潭死水了。因此，教师的“主导”尤为重要。

可以说，课堂“控制”出现问题，归根结底是教师不知道如何去“导”的问题。如同文章开头那位网友一样，年轻教师容易陷入师生关系的两个极端：

一是死板地讲究课堂纪律，一味地“紧”。教师为了达到震慑学生的目的，便满脸严肃，言语严厉，一身“杀气”，一旦学生有什么风吹草动，立刻吹胡子瞪眼，指责、呵斥甚至处罚，结果课堂如战场，学生个个正襟危坐，如坐针毡，除了个别的班干部零星举手之外，其余的都变得感情“冷漠”、表情“呆滞”、“沉默是金”了。

二是过于忽视课堂纪律，一味地“松”。教师为了达到所谓的课堂民主、活跃的气氛，总是无原则地迁就学生，对学生的随意插嘴、自由散漫等行为或熟视无睹，或忍之又忍，或毫无对策随其发展，如同好好先生，一副菩萨心肠，自以为如此正是展示学生的个性，殊不知其结果反倒导致了课堂越来越乱，终究苦了自己，害了学生。

对此，教师应该如何去“导”，才能实现对课堂的有效“控制”呢？我觉得以下三点是值得我们去思考和实践的：

一、让学生遵守“游戏规则”，还是服从教师的“命令”？

很多时候，所谓课堂上的“纪律”都是教师制定的，有些还是教师上课时临时想的，而且“纪律”的内容基本上是限定学生不能做什么，却极少指明学生可以做什么。只要学生妨碍了教师课堂教学的意愿，就会被“鉴定”为“违反纪律”了，甚至有些教师连这样的“纪律”都没有向学生说明，一切凭自己说了算。这样的课堂氛围，使学生只能处于被动的、从属的位置，其课堂主人的意识与教学主体的地位无从体现。教师这样的“控制”如同社会上的“人治”，而非“法治”。“人治”靠的是教师一相情愿甚至是强制的“命令”，一旦教师不在，“命令”也就形同虚设了。而且这样的“命令”迟早会压抑学生，促使部分学生尤其是所谓的“问题生”出现对抗和叛逆行为，无论是直接还是间接，都将导致师生关系的破裂。如此一来，教师时常挂在嘴边口口声声强调的“课堂纪律”就会被学生折射成专门对付他们的一种“专制”的代名词了。

这么说，难道课堂就不用“纪律”了吗？不，当然要“纪律”，但这种“纪律”应该是由师生一起商议、共同讨论出来的一些“规则”，来之于学生，用之于学生，这才谈得上有“群众基础”，才能在一定程度上使学生主动去接纳并乐意去执行和维护。鉴于小学生的年龄特征，我是这样设置情境引导他们的：

开学初的班队课，我问学生：“为何要在校门口的公路上画斑马线呢？”

立刻有些学生举手回答：“我知道，那是‘人行道’，是让我们这些行人过公路用的！”

“如果我们过公路不走‘人行道’好不好？”我接着问。

“不行的，我们人这么多，很容易被车撞着的，上学期没有画上‘斑马线’，不就有一个六年级同学的脚被车轧了吗？”

“画上‘斑马线’让我们走‘人行道’，是为了行人和司机更安全……以前没有‘人行道’，大家都是乱走的！”

“还容易堵车……”

“说得对！”我肯定了他们，“有了交通规则，大家的行动不但方便，而且安全了。你们再想想，自己知道或做过哪些事和活动必须要有规则才行的，如果没有就没办法进行下去的？”

“老鹰抓小鸡、跳橡皮筋等游戏也有规则。”

“乒乓球、篮球、羽毛球等各种球类活动都有规则。”

“玩电子游戏和电脑上的各种游戏也要遵守规则……还有买

卖东西也要按一定的规则进行……”

我总结道：“是啊，生活中很多事情和活动都有自己的一些规则，这些规则可以让每个参与者都能更好地进行活动。现在，我们这么多人在一个教室里也需要一些‘规则’来让课堂的教与学能灵活而又有秩序地进行下去，所以，我们有必要一起制定出合理有效的规则来……”

接下来，我就让学生把自己的想法写在纸条上，然后收上来共同对这些想法进行讨论、梳理、修改，整理出有代表性的作为课堂上的“规则”，让大家遵守。

在这些规则中，下面几条是最根本的，因为它指出了师生在课堂上最普遍的四种行为——“说”、“听”、“讨论”和“插嘴”的注意点：

1.无论是老师，还是某个同学说（包括提问和回答问题），全班同学都必须保持安静，认真“倾听”。如果谁有想法或不同意见，也要在说的人把意思表达完之后，才能“起立”进行“插嘴”。当想“插嘴”的同学比较多时，要按“起立”的先后顺序一个一个地说，不要抢着说。当话说好了就可以自行坐下，不用等着老师示意了。如果在听的过程中又有了想法，还是按上述的要求进行表达。

2.站起来说的同学要尽量做到面向大家，眼神要和大家交流，而不能只看着老师或某个同学，不能只对着老师或某个同学说。尤其是不能把老师当做课堂的中心，让自己和老师成了“两人对话”，把同学们忘在了一边，这样其他同学也会不耐烦，难免就会吵了。因此，站起来说话或提问的同学要把开头语“老师”改成“同学们”，比如：“同学们，我有个问题不懂。”“同学们，我的想法是这样的……”这样的说法能够直接引起同学们的关注，使他们能主动地参与到你说的话中来。另外，坐在左右两边的同学“起立”时要适当地侧过身，而前面的同学“起立”时也要适当地转身。

3.当老师要求大家自由讨论时，同桌或前后桌可以坐在位置上自由安排；当老师要求指名同学汇报讨论结果时，对“说”和“听”的要求就以上述的两条为准则。自由讨论（包括其他形式）的开始和结束，要看老师的示意，比如用语言“现在开始”、“请大家安静”，等等，还可以配合表示“开始”和“安静”的手势，同学之间也要互相提醒。

4.有的“规则”经过一段时间的实践之后，根据利弊，可以在师生共同商议的基础上，进行完善和补充、添加和删除。

二、遵守“课堂规则”和展示“学生个性”是不矛盾的

看了上述的四点规则，或许有些教师会说，这样的条条框框会不会限制了学生“个性”的自由发展，使课堂变得机械死板了呢？

对这个问题，我是这样理解的：学生的“个性”是否真正得到健康的发展和展示，在课堂上主要是看学生是否有表达的机会，是否能表达自己想表达的，是否获得了一定程度的表达的时间和空间。一直以来，有些教师的课堂恰恰就是在上述的这些方面存在问题。他们要么是因为没有相应的“规则”作保障，使得课堂的“说”与“听”以及所谓的“讨论”变得杂乱无序：说

的没人认真听，听的自己也在说。如此的“个性发展”已变得自由散漫，连教师自己也因此苦恼不已。要么总是在学生说的“内容”上苛求，总想着学生的“说”能符合自己的喜好，凭自己的脾性来评定学生的童心童语，以致闭塞了学生的真实表达，甚至还会让学生因为害怕而没了表达的欲望。如此的课堂，学生除了循规蹈矩、亦步亦趋、沉默寡言之外，还能有什么良好的“个性发展”呢?

因此，我们只有具备适当的“课堂规则”这个外在形式，才谈得上保障学生“思想个性”这个内在实质获得真正的发展，也只有这样的课堂才可能是扎实的、鲜活的、有效的课堂。当学生从这些“规则”中逐渐体会到它给大家的“说”、“听”乃至“思”带来益处时，学生就会愈加重视和维护这些“规则”。此时，即便教师不在，班集体也会自觉地运用这些“规则”来评判个别同学的违规行为，以形成正确的班级舆论，因为每个人的心中都已有“课堂规则”这把丈量的尺子了。只要我们读了魏书生、李镇西等老师的书，就不难发现，他们也是很重视这类“规则”的制定的，哪怕在开始阶段要花费很多时间和精力。因为一旦有了这些“规则”，以后的教学和管理也就会如鱼得水、事半功倍了，而他们学生的自我管理能力、民主意识和班级主人的观念特别强也是与此息息相关的。从这个意义上来讲，让学生遵守“课堂规则”和展示“学生个性”是相辅相成的。

三、让学生遵守“课堂规则”成为一种习惯

1.教师的“立场”要鲜明

刚开始实施这些“课堂规则”时，学生还不是很熟悉，容易忘记，教师就要耐心地反复强调、时常提醒，尤其是教师的“立场”要鲜明，切不可含糊不清、敷衍了事。比如：坐着倾听的学生如果有人发出声音，或者没等人家讲完就“插嘴”而且“插嘴”时没“起立”，教师都应该立刻让“课堂”暂时“停止”，及时指出个别学生的“违规”行为，并且让他马上改正。同时也提倡学生之间互相督促，如果发现类似问题，也要马上提出和制止。只要教师持之以恒，不多久便可以使学生形成条件反射，养成良好习惯。

2.教师要用好自己的“表情”

当学生能按“课堂规则”进行“听”、“说”、“插嘴”和“讨论”时，除了用语言，教师也要用“赞赏”、“微笑”的表情给予肯定，反之，教师就要用“严肃”、“批评”的表情给予否定和阻止。只要教师“立场”鲜明，再配以一目了然的表情，时间一久，学生的行为就能从中得到积极的强化。

良好习惯的养成在于行为一贯到底的重复，在上述两点中，一旦教师三天打鱼两天晒网，时而松，时而严，那所谓的“课堂规则”就会成为“纸上谈兵”了。即便课堂教学正在津津有味地进行着，只要出现“违规”行为，教师也要及时提醒和制止。另外，当教师用了“严肃”和“批评”的表情之后，要是学生改正了，教师就不能继续带着这种表情上课，而应该“转化”成温和微笑的表情。教师这样做，就是等于用无声的体态语告诉学生应

该怎么做、不应该怎么做。在这点上教师不妨让自己具备“相声演员”的表情变化能力，这对于引导学生正确地投入学习是很重要的。但现实中有些教师往往做不到这点，一旦被个别学生的“违规”行为打搅了，就会一直虎着脸，带着怒气上课，甚至把接下来的“上课”当成了个人的“情绪发泄”，这是教师情绪化的表现，会让学生觉得老师是把他们当做了“出气筒”，这绝对有害于学生在课堂上良好习惯的养成。从某种程度上看，课堂状况有时就是教师自身状况的体现！

四、关于是否要“处罚”的问题

在“课堂规则”实施的过程中，难免会有违反的，不外乎两种情况：一则是无意的，大多是忘记了。对这类“违规”的学生，教师只需时常提醒，他们便能主动改正，毕竟好的“规则”是有利于每个人的。因此也就没必要“处罚”了。二则是故意的，表面上看似针对“规则”，经观察分析，就会看出这类学生“违规”的背后一般都有另一种目的，他们要么是所谓学习上的“差生”，被教师忽视；要么和同学关系不好，没有什么朋友，在品行上有些“问题”，被多数学生孤立；要么在生活和心理上存在“困惑”和“压抑”，寻求排遣和发泄，等等，我觉得这些学生的“违规”行为的本质不是在于抗议“规则”的不行，如果因此而“处罚”他们，等于隔靴搔痒、治标不治本，甚至还会雪上加霜。所以，教师应当把精力花在课堂之外，多去关注、关心和帮助这类学生，只有化解了他们在生活、学习、心理上的“问题”，在课堂上他们才可能遵守“规则”。当然，这类学生毕竟是少数，教师不能因为个别学生的“特殊情况”而否定了“规则”对大多数学生所起的作用和带来的好处，否则就是犯了因噎废食的错误了。

对于“处罚”，我只有这样的观点：处罚是手段，如果能达到教育的目的，是可以用的；如果用得不好，就可能起反作用。所以，处罚要三思而后行——慎用！

一篇日记折射出的……

学生日记：

我今年14岁了，可是妈妈还把我当小孩子看，我只是洗洗碗而已，妈妈却骂了我一顿，扫个地也不行。当我替妈妈捶背时，她总是说："丽丽，我不累，你管自己学习做作业去！"妈妈虽然嘴上不说累，但是每天都很辛苦，又不敢当着我的面说出口，怕我担心，只好憋在心里，哎，真是难为她了。

昨天，我只不过打了一桶水拖地板，就被妈妈喊了过去。我真想说："妈妈，我知道你上班很辛苦，回来还要做这么多家务，你就让我做点儿事吧，不要再把我当小孩子看，我已经长大了，也懂事了，我也可以自己做家务事，我真的想为你分担一点儿！"这句话我一直想说都说不出口，不知道怎样说，因为妈妈总是听不进去，说了也是白说。我永远是父母心中的一个小孩子，永远也长不大，她的眼里永远只有"学习"、"考大学"几个字……

（注：丽丽系化名）

【点评】

日记里的父母

从丽丽的日记中，我们不难读出一位母亲对女儿的疼爱，一种想让下一代不再像自己那样辛苦生活的强烈期待。在这样的家长眼里，自己再苦再累，也是心甘情愿，他们关注的总是孩子的学习。站在他们的角度去看，他们觉得自己所做的一切都是为了子女好，只要子女能专心于学习，有朝一日能出人头地，即便子女衣来伸手饭来张口，即便自己做牛做马，他们也能欣然接受。要是子女学习不认真，总出问题，或转移了注意力，他们就会感到伤心，感到委屈，认为孩子不懂事，不理解大人的辛劳付出与一片苦心。

然而，家长的这些所作所为是不利于孩子成长的，甚至有害于大人和孩子之间关系的融洽，阻碍了双方进一步深入地交流与沟通。其中的弊端和隐患也很容易随着孩子的成长与学业的加重逐渐显露，在某些时刻还可能出现“矛盾”的激化。

日记里的孩子

在孩子逐渐懂事、知道了父母都是为他们倾注心血时，大都会像丽丽那样心里充满着感激，同时也会承受着一种心灵上的压力，那就是：我不能辜负爸妈对我的付出和期望。为了表达感激之情，孩子就会有意无意地参与家务劳动，做些力所能及的事，为家人分忧。在孩子看来，这是最为直接也是最能见效的“报答”行为，既是孩子把感恩心理化成实际行动的需要，又是孩子自我排遣心理压力的一种本能反应。看到孩子有这样的表现，家长应该感到高兴，如果能顺着孩子的这个心愿，对他们的行为给予恰当的肯定和赏识，这不但能让孩子体验到关心他人、融入家庭、展示自我价值的乐趣，还能帮助孩子减轻因被父母费心供养所带来的心理负担。反之，一旦家长看不懂，甚至不理解孩子的上述心态，对孩子这种“报答”式的表现视而不见、无动于衷，或者还时时地进行阻止，那孩子就会像丽丽那样感到失落、焦虑、自责以及对大人的迷惑不解，甚至认为父母不可理喻。如同丽丽在日记的结尾所写的：“因为妈妈听不进去，说了也是白说！”这样的结果，就等于是家长自己切断了两代人的沟通渠道，人为地制造了日益增厚的隔阂。

日记外的思考

丽丽的日记，还让我们读到了多数孩子的共同特点：想长大的欲望，想作为一个独立的社会性的“人”的欲望。他们会由原先的自我关注渐渐地向关注家人、关注他人的方向发展。具体表现在：他们会关心父母以及家庭其他成员的日常生活，盼望着了解和参与家庭事务，会主动地找事做，让大人看到他们作为家庭一分子的存在。比如帮着煮饭、洗衣、扫地、整理房间、上街买东西，等等，这是孩子在成长过程中寻求自主、自立、自强，发展主体观念和独立意识的必要途径，更是为将来成家立业做好生活和心理上的准备。可以说，在家庭中能获得这方面训练和满足的孩子，在学校里乃至今后进入社会，其参与和合作的能力也会比一般的孩子强些。

如果孩子这样的心理需求被家长忽视或限制，那孩子就会出现本能的抗争，会变得不听话，对抗大人的意见，甚至疏远或者顶撞大人。而另一些孩子因为一直被大人“宠爱”（这也是对孩子独立性、自主性等方面的一种变相忽视与剥夺），也会采用另一种方式（诸如乱发小孩子脾气、撒娇、固执、事事要大人照顾、回归婴儿状态，等等）来表达他们被压抑的成长意识。久而久之，家长就会发现孩子越来越叛逆，各种“问题”也越来越多。实质上，这也是孩子走向成熟而被外界人为地遏制所产生的特征，如果特征越明显，十有八九表明了家长不正确的言行对孩子的成长造成的障碍已越来越大。在这些障碍中，家长总是喜欢钻孩子“学习”和“成绩”的牛角尖的危害是最典型的了。它强制性地把孩子捆绑在了“读书考试”的战车上，一条道走到底，使孩子的悲喜只能简单地维系在父母对他们成绩优劣的喜怒上，孩子还会因家长的反复强化，在心灵深处埋下这一“条件反射”。假如孩子有幸能在学习上取得成就，考上理想的学校，实现父母所信奉的“万般皆下品，唯有读书高”的信念，那孩子的处境或许算是好的了，一旦孩子在学习上没什么收获，或者达不到父母的期望，或者可能不适合读书考试使学习越来越糟，那孩子的心理支柱必然会倒塌，那早已烙印在心的“条件反射”将使孩子痛苦不堪。当他们面对父母失望的表情时，往往要么更为绝望，自暴自弃，性格也变得敏感、脆弱、偏执、不堪一击，认为是自己拖累了父母，害了父母；要么就认为都是父母害了他，因为从小到大，就是父母对他学习上的孤注一掷，导致了他在人生最美好的成长阶段承受着双重的压力——一方面是父母任劳任怨的殷殷期盼，一方面是自己无法实现“报恩”的最终目标。

更为严重的是，有些孩子在这两方面构成的“矛盾”之中，一直远离了除学习之外的其他更为重要的东西，比如良好的习惯和性格的培养，比如对人生观、价值观的正确认识，比如独立性、自主性的体验与个人社交、待人处世、娱乐生活的训练和发展，等等，一旦在学习上遇到重大挫折或因父母师长等某些特殊言行的刺激，很可能就会引发他们情绪的强烈波动、心理的严重挫伤，以致做出过激的行为来。记得几年前，某报纸曾报道过“一个初中生用斧头砍死了总是死盯着他学习的母亲”的新闻，有些有识之士呼吁，学校要加强对学生伦理道德的教育。我以为对家长进行家教的培训才是当务之急，因为“问题”的关节点并不在这类孩子缺乏伦理道德，而是在于他们承受着家长太多太严的变了性质的“爱”。与其说是“爱”，不如说是一种披着美丽外衣的“精神折磨”，无论这类孩子最终是否做出违背常理的事来，他们始终都是受害者、痛苦者，而这又是他们最亲最爱的家长施加于他们的，这真是让孩子痛不欲生的“矛盾”！

虽然并不是有这样处境的孩子都可能走到这一步，出现这样严重的后果，但是，这些孩子处在或多或少的压抑中，有些还可能表现出“问题生”的状态来，这是肯定的。像丽丽这样的学生还算是幸运的，还可以把心事写成日记，以求烦恼的释放，要是有些学生把烦恼和矛盾憋在心里难以排遣，再加上父母的压力有增无减，很难说他们的冲动和暴力不会在某一时刻被某一事件所“点燃”而突然爆发出来。

孩子是学着长大的，特别是小学生，首先是从家长那里，如果家长成了压力，那就得靠老师来解压，如果连老师都成了他们的压力，那孩子真的可能是腹背受敌、孤援无助了。

写到这里，我真想问问各位家长，你们的孩子能找到心灵的援助者吗？在他们迷茫困惑时，在他们想得到肯定和赞赏时，在他们最需要找个长辈交流咨询时，我们的“爱”有没有准时恰当地到达孩子的心田？

如果孩子因“爱”生“恨”，那往往不是孩子的错，而是我们的“爱”出错了！

对待“问题生”，教师的常见病

每位一线教师都会遇到“问题生”，在对待“问题生”时，有些教师常会出现以下“病症”，如果不及时“治疗”，不但不利于“问题生”问题的解决，还会加重教师的“病情”。

一、用“屡教不改”评判学生

“问题生”的一个明显特点是常出问题，而且有时是同一个问题反复出现，有些教师两三次还可以容忍，四次、五次就没了耐性，变得恼火不已，觉得自己如此用心良苦，学生都无动于衷，甚至不理解，这的确不是我当老师的不教，而是你做学生的不改，这实在是学生的品行不好，是故意和老师作对。于是便给学生贴上“屡教不改”的标签。

不知这些教师是否想过，假如自己“屡教”了，可学生依然“不改”，那自己对待学生的观念对了吗？自己“教”的方式正确了吗？有些教师可谓天天在“教育”学生，苦口婆心，软硬兼施，弄得身心俱疲，但细细分析，每一次都是换汤不换药的老调子。这样的老调子，三次、四次和一百次有何差别呢，无非是让学生越来越嫌你啰唆，教师的“恨铁不成钢”只会成为学生的

“耳边风”了。

一旦教师用“屡教不改”来评判学生，更是给“问题生”的“问题”雪上加霜，因为学生永远不会因为教师如此的评判而有所改变，反而更加疏远和对抗教师了。

二、处理学生“问题”时，特别容易情绪化

处理学生“问题”，教师情绪化的主要表现如下：当心情好时，就会兴致高涨，春风满面，于是要么看学生的“问题”不成问题，甚至变得没有问题，难免心不在焉、敷衍了事；要么又突然变得耐性十足，对“问题生”百般“教导”，翻来覆去不厌其烦。当心情不好时，却常常不问青红皂白，当场甚至大庭广众之下大发雷霆，不是声色俱厉地批评，就是随意严厉地惩罚，很少考虑“问题生”是什么感受，即使有所考虑，也只是考虑到学生总是错了又错，尽给自己找麻烦，这么让人厌烦，自己是受了学生的“害”，学生是该骂该罚的。

教师处理学生“问题”的情绪化，一方面表明了教师对教育、对学生缺乏应有的责任心，由于纯粹凭自己喜好和厌恶的性情与感受去对待学生，往往造成教育的盲目性和随意性。另一方面也显示了教师个性心理的不成熟与不稳定，在某种程度上还可能是教师自身压抑、焦虑、苦闷的反应。这些反应既来源于“问题生”制造的“问题”，更是来源于教师对待他们的上述不正确方式的本身，而这两者又可能“相辅相成”，久而久之就会形成恶性循环，教师越处理不好学生“问题”，学生“问题”就越大，教师就更加情绪化。在这种情况下，“问题生”是不可能去

除“问题”的，要知道，学生是学着长大的，极易被潜移默化，当教师都存在问题，而且不知或不会改变时，那又如何去真正改变学生呢？

情绪化的教师很容易“制造”出情绪化的学生！

三、总是一味地讲道理

笔者曾在一篇文章里讲过，教师好像天生就会“摆事实讲道理”，可以说无师自通、不学就会，而对“问题生”苦口婆心地讲道理，更是有些教师的一种本能反应。虽然我并不反对“讲道理”在一定程度上的教育作用，但是如果对“问题生”一味地讲道理，那是很难有效果的，结果不仅使学生对教师越来越无所谓，越来越厌烦，连教师自己也会愈加苦恼，步入自我抗拒的心理泥潭：不讲道理，难受；讲了道理，也是难受。可谓是进退两难，不进不退更是难。于是，便日益怀疑和厌倦起教育来了。

其实，有些“问题生”也并不是不懂教师所讲的道理，只是在成长过程中的年龄特征决定了他们心理的不成熟、性情的不稳定、自控力差，他们真正需要的是教师给予他们可操作性的行为（行动）上恰如其分地限制与引导，为他们设置实实在在的马上就能行动的“方向”和“道路”。教师应该让“问题生”融入生活、学习的本身中去体验和感悟自己的对错，“讲道理”的方式只能使学生脱离生活实际，如果生活是生活，道理是道理，即使这样的道理条条是真理，对孩子而言也是苍白无力的。何况，另一些“问题生”也不一定能听得懂教师的这些

“道理”，那教师一而再，再而三地讲，岂不是无的放矢的纸上谈兵？这不只是教师枉费了心思，更是消磨了师生间的融洽关系，而这又是转化“问题生”的基础，没有这个基础，教育，终究是一句空话。

四、习惯于时时盯着学生的“短处”

有些教师一说起“问题生”，闯入脑海的就是他们的种种“短处”，并且习惯于时时盯着这些短处不放，除了批评还是批评，好像唯有如此，才能控制住“问题生”，才能无时无刻地敲响他们的警钟，引起他们的重视，促进他们的改变。实际上，这样的观念和做法所得到的结果总是事与愿违的：由于教师对学生的“短处”反复地关注，就等于强化了“问题生”对自己消极的认识和自我贬低，觉得老师和同学也是这么看待自己，自己就是一无是处的，要是学生一直处在这样的氛围中，就很容易陷入焦虑、烦躁、自卑、悲观的境地，或是自怜自艾，或是破罐破摔，或是愤世嫉俗，或是玩世不恭……

因为“问题生”从教师的言行上得不到积极的、喜悦的肯定和引导，有的只是抹杀自信、伤害自尊、加重对他们“问题”的挑剔与打击，所以他们和教师总是疏远的、对立的。

无论怎么样，转化“问题生”的前提是，教师首先要悦纳学生的“短处”，这虽然是老生常谈，但能否真心真意坚持不懈地去做却是最关键的。古人言“女为悦己者容”，“问题生”何尝不是为欣赏自己的老师而努力改变呢？

五、有意无意间就会把学生进行比较

在教育“问题生”时，有些教师就喜欢这样说：“你看人家××，进步这么快，你怎么都没变化呢？”“和××比起来，你真是差多了！”“××一说就懂，说到做到，你呢，却三天打鱼两天晒网，这么没毅力……”“只要你能多看书，认真做作业，做到××的一半，老师就高兴了……”

这些教师以为，把“问题生”进行比较，就能为他们树立学习的榜样，增加积极向上的动力。其实不然，凡是有过这样比较的教师都可能发现，“问题生”不但依然是老样子，有些还出现新的“问题”：敌视教师。原因就在于教师的“横向比较”，这是把“问题生”难做到的或做不到的同优秀生的“长处”相比较。假设“问题生”真的有些进步，如此比较，“问题生”还是处于下风，处于劣势。因此越比越伤“问题生”的自信和自尊，即便教师是出于好心、苦心，哪怕是无意的，可是从“问题生”的角度去看，也难免成了变相的“批评”和隐性的“贬低”了。何况有些“问题生”原本就比较敏感、脆弱，更是觉得教师这是在“嘲讽”和“打击”他了。

其实，人总是有排他的心理，尤其是处在身心成长过程中的少年儿童，再加上本身又有些“问题”，这个特点就更为明显，因此，教师要比较也只能进行“纵向比较”，就是把学生的过去、现在以及设想中的将来进行比较，参照物是他自己，相对来讲，“问题生”是比较容易接纳自己的。只要有一点点的变化与进步，教师都要善于发觉，乐于肯定，这样学生才能发现自己也是可以变化的，才能有愉悦的体验，才能感受到教师是真正为自己好。亲其师方能信其道!

六、对学生的“关注”总是苛求性的

“问题生”需要教师真心的、恰当的关注：用宽容的心态悦纳他们已存在的不足和缺点，用赏识的目光捕捉他们的“闪光点”，用换位思考的爱心体察他们特殊的心情与言行——这样的关注方能真正获得学生对教师的向往和亲近。

但是，有些教师出于狭隘的“爱”和责任感以及自身性格上的完美主义，总期望着学生经自己的“教育”，能在短期内把所有的“问题”都消除干净。比如成绩差的能快速地、大幅度地提高；作业丢三落四的都能按时完成；上课做小动作的能转变为课课自觉遵守纪律，上课投入认真；骂人、打架、调皮捣蛋的能改变成次次礼貌待人，言行有理有度，等等。为了达到这些目标，教师不厌其烦、不辞辛劳地“关注”学生，在上述方面绞尽脑汁、想方设法地屡屡“帮助”学生，看似“帮助”，实为强人所难，而对“问题生”出现的点滴变化和进步却又忽略不计、视而不见。不用说，教师如此的要求和做法是难以如愿的，因为少年儿童的成长过程就是不断犯错、不断改错的过程，大错小错，或多或少，不是教师人为所能立刻杜绝的，而且他们总是在“进步”的台阶上一级级地前进又后退、后退又前进地反复着，教师盼着他们立马就能上好几个台阶甚至到达顶层不后退，这既违背小孩子的年龄特征，也是不符合客观现实的。这样想，实质是教师缺乏教育耐性和心理浮躁的表现，它是“问题生”改变的一大障碍。

笔者认为，教师对“问题生”的有效“关注”应当做到灵活机智地放低要求，以退为进，攻心为上——得学生心灵者，得教育之精髓。说到底，“关注”既是目的，又是手段，关键是教师要考虑它的技巧和和方式，能让学生喜欢的“关注”，才是成功的“关注”。

七、一直在忽视学生所关注和喜欢的东西

“问题生”的“问题”一般表现在语、数等主科的学习和日常生活的品行上，但无论怎样出“问题”，只要教师善于观察，都能发现他们多少总有自己所关注和喜欢的东西。比如，有的喜欢打球、赛跑、武术之类的体育运动，有的喜欢涂涂画画、动手操作，有的喜欢唱唱跳跳、看看影视、听听音乐，等等。有些教师一直就特别看重“问题生”常出“问题”的学习、品行方面，而唯独对他们所关注和喜欢的无动于衷、漠然视之，甚至还会进行限制和排斥，认为“问题生”的学习和品行都成问题了，其他的兴趣和爱好也就没必要去发展了。

假如“问题生”连自己正当的兴趣和爱好都没得去做，而在“短处”上又时常受打击，那他们除了去出“问题”来发泄自己的精力和压抑的情绪之外，还能干吗呢?

教师关注学生所关注的，喜欢学生所喜欢的，尤其是参与和投入到“问题生”的兴趣和爱好中去，体验他们的酸甜苦辣，这是进入“问题生”心灵世界的捷径！教师要做到这点，至少要摒弃应试教育的观点，凭借多元智能的理论来解读和对待学生，如此，“问题生”才更有可能告别“问题”。

八、总认为学生没把“问题”彻底解决，是不尊重老师

“问题生”的改变常是渐进式、反复性的，这是符合少年儿童成长规律的，经过教育，他们没有把“问题”彻底解决，老毛病犯了又犯也是很正常的。如果教师认为他们如此反复是挑衅的行为，是不尊重自己，那自然就会觉得尊严受到挑战，自尊受到伤害，出于寻求心理上的“自卫”与平衡，必然采用打击报复的方式惩戒学生，严重的就陷入了“体罚”的沼泽，难以自拔。

实际上“问题生”教育成功的基础，首先是教师的观念问题。有些优秀教师心中真正装有“问题生”，时刻用一颗尊重、平等、和善的心对待他们，即使“问题生”的确是有意攻击他，他也能保持克制和耐性。或许有些人认为，教师这样做是无能和懦弱，学生岂不得寸进尺，爬到老师的头上去了？——照这样的想法，那教师应该以牙还牙、以暴制暴才对？但这样的结果，不是你死我活，就是两败俱伤，这还是“教育”所应该看到的结果吗？这完全是“战场的打斗”了！如果教师不能把师生的敌对关系化解掉，反而是增加了双方的火药味，那教师真是“成事不足，败事有余”，有他不如没他好了！

看看现实，我们不难发现，很少出现“问题生”反复攻击心胸宽广、有仁爱宽容之心的教师，反倒是那些立场坚定地提倡“只有学生先尊重老师，做老师的才能尊重学生”的教师时常被“问题生”攻击和报复。原因在于这类教师自尊心过强，心胸过窄，过于敏感、脆弱、死板、被动，把主动权交到了“问题生”的手里，很容易就被他们过激的情绪和言行所控制。这样的教师常常说自己被“问题生”气死了。

如果教师能真正理解为人师表者就是先知先觉先行者，那就能诚心奉行：无论“问题生”怎么样，教师永远都要先做到自己所要求的，哪怕学生一直没做到。说实话，以德报怨是教师教育的最高技巧和境界，做到这点，才是真正的“以尊重引导尊重”！——教育的水平，最终也是教师为人修养的水平。

九、觉得学生不可救药，最终决定放弃他

当有些教师对“问题生”无能为力、深恶痛绝时，就会放弃他们。所谓放弃，就是对“问题生”不理不睬，什么都不管，以为这样就解脱了。其实，这只是教师的一相情愿，因为“问题生”还是坐在他的班级，“问题”还是“问题”，而且由于教师的“放弃”，让“问题生”很明显地感受出教师对他的极度讨厌，那师生关系必然紧张恶化，更加陷入敌对的状态，再加上此时的“问题生”大都处于被“孤立”的境地，本能的反应就是制造更多更大的问题和麻烦以引起师生的关注，哪怕这样的关注是贬低的、打击的、处罚性的。

要是教师对此忍无可忍，又回过头来处理“问题生”的这些不良行为，“问题生”也就达到了被“关注”的目的了，而且还能从中体验到被“重视”的成就感。可以毫不夸张地说，想方设法地寻求被“批评”和“处罚”，有时成了被教师放弃的“问题生”的一种心理需求。

因此，教师放弃“问题生”，就等于教师教育的彻底失败。当然，肯定有教师会说，我不放弃他，他也没什么改变，还是毛病多多，我又能怎么办呢？对此，我只能这样说：

不放弃，你总有希望在，即便在你和学生相处的这段时间里，学生就是没改变，但你的努力和情绪是积极的，这就使得师生关系也是朝积极方向发展的；一旦放弃，你就永远没有希望，而且师生关系可能还会越来越糟。